历史名人传记

李调元传

蒋维明－著

天地出版社 | TIANDI PRESS

图书在版编目（CIP）数据

李调元传 / 蒋维明著. — 成都：天地出版社，
2025. 6. — (历史名人传记). -- ISBN 978-7-5455
-4757-3

Ⅰ. K825.6

中国国家版本馆CIP数据核字第2025K4T748号

历史名人传记
LI TIAOYUAN ZHUAN

李调元传

出 品 人	杨　政
作　　者	蒋维明
责任编辑	骆　蓉
责任校对	梁续红
封面设计	今亮后声
电脑制作	跨　克
责任印制	刘　元

出版发行 天地出版社
（成都市锦江区三色路238号　邮政编码：610023）
（北京市方庄芳群园3区3号　邮政编码：100078）
网　　址 http://www.tiandiph.com
电子邮箱 tianditg@163.com
经　　销 新华文轩出版传媒股份有限公司

印　　刷 水印书香（唐山）印刷有限公司
版　　次 2025年6月第1版
印　　次 2025年6月第1次印刷
开　　本 710mm×1000mm　1/16
印　　张 15.25
字　　数 264千字
定　　价 86.00元
书　　号 ISBN 978-7-5455-4757-3

李调元（1734—1802），字羹堂、鹤洲，号雨村、童山蠢翁，四川罗江（今属德阳）人。他是清代蜀中博学多才的学者、诗人，长期致力于发展教育和戏曲事业。

青少年时代，李调元刻苦攻读，博览群书。乾隆二十四年（1759年），考中举人（二十五岁），四年之后，考中进士，点翰林，做了十年京官。他立身正直、不畏权势，曾经怒斥过向他索贿的宦官。

乾隆三十九年（1774年），朝廷任命李调元为广东乡试副主考，随后，又担任过三年一届的广东学政，主持广东全省文化教育工作。他冒着酷暑，巡视了广东省的十府三州。所到之处，他奖励勤学向上的生员，严禁舞弊，并以身作则，"不通关节"，铁面无私，受到士子们的称赞。

任满回京后，李调元于乾隆四十五年（1780年）升任直隶通永道道员（正四品官），他创办了潞河书院，努力培养人才。直隶通永道官署所在地通州离北京很近。这期间，清王朝开设《四库全书》馆，征集全国图书，北京城书贾云集，文化气氛浓郁。李调元的许多好友参加了《四库全书》的编纂工作。

李调元利用这个机会"遍访异书"，特别是留心搜集四川乡土文献、乡贤先哲的著作。他节衣缩食，或出钱征购，或借书回来雇人抄写，并设法刻板付印，力图复兴因明末清初的战乱而凋零不振的巴蜀文化。

恰于此时，李调元因受奸臣陷害，蒙冤下狱，差点儿被充军新疆伊犁。一个偶然的机会，使他绝处逢生。乾隆皇帝恩允他还乡著书。

李调元回到他梦魂萦绕的罗纹江畔。随在他身后"满载而归"的，不是金银财宝，而是一块块印书用的木刻雕版。

著书立说、刻印《函海》，是李调元呕心沥血追求的千秋大业。罗纹江畔的油灯，伴随他度过几多不眠之夜："草堂溪水清，照见溪上屋。幽人正著书，灯光映修竹。"

李调元如闲云野鹤般在乡野山水间漫游，"摩碑思补史，谙药解笺骚"。一笔笔、一字字，他记下了川西北的自然风貌、人文景观、寺庙古迹、碑塔津渡、民俗风情、食谱特产等。

李调元醉心戏曲，为川剧艺术的勃兴贡献重大。他创办"家伶"戏班，在川西北巡回演出，重金礼聘苏州籍昆曲教师，培训"川孩"作伶工；他亲自从事戏曲教育；他编写剧本，并记下了许多极为珍贵的戏曲史料；他研究戏曲理论，写成了《雨村剧话》《雨村曲话》。

李调元以毕生精力，完成了《函海》。其内容博大精深，包含了经史、文学、诗歌、语言、金石、考古、书画、农艺、戏曲、民俗、神话等。无论是从数量的宏大，还是从涉猎范围的深度和广度方面来看，李调元都与明代状元杨慎有惊人相似之处，有并驾齐驱之势。

李调元刊印的《函海》收藏在罗江南村坝"万卷楼"。"万卷楼"是李氏家族广搜博采的书库，被称为"西川藏书第一家"。

嘉庆五年（1800年），李调元又遭受致命的打击。其时，白莲教农民起义军兵锋指向绵州，李调元一家为避乱去往成都。趁火打劫的坏人，焚烧了万卷楼。纵火者是谁？为什么案犯逍遥法外？

　　揭开这个"巴蜀之谜"，可从中看到波谲云诡的清末官场黑幕。

　　李调元归来，徒见书化蝶飞，楼化废墟。六十多岁的他将书灰捧入绢袋，埋入黄土。此后，老人一病不起。

　　历史上的贞臣烈士，有的"殉国"，有的"殉道"，有的"殉情"，李调元却是以身"殉书"。

　　弥留之际，李调元吟咏道：

　　　　我愿人到老，
　　　　求天变作草。
　　　　但留宿根在，
　　　　严霜打不倒。

　　小草峦山，野人怀土。难忘那故乡的山山水水，弯弯的石板路，覆荫数亩、绿云如泼的黄桷树群。

　　嘉庆七年（1802年）十二月二十一日，一代文星陨落在罗纹江畔南村坝故里。

　　乾、嘉之际文坛宗师袁枚在赠李调元的诗中写道："童山集著山中业，《函海》书为海内宗。"历史证明，《童山文集》《童山诗集》确系藏之名山、传之后世的不朽之作；

《函海》巨著，已为海内所宗仰，为巴蜀文化增添光辉。李调元心血浇铸的作品，像劲草宿根，"野火烧不尽，春风吹又生"，历万劫而不灭。

青少年时代

　　罗江李氏家族素有耕读自给、诗礼传家的家风。李调元从小受到良好的教育。在父亲李化楠的悉心培养下，李调元兼习文武。他少有颖才，被称为"神童"，吟诗对句，信手拈来。

一、云龙山下

有一首《绵州巴歌》，曰：

> 豆子山，打瓦鼓。
> 扬平山，撒白雨。
> 下白雨，取龙女。
> 织得绢，二丈五。
> 一半属罗江，
> 一半属玄武。

这是一首吟咏瀑布的歌谣，说的是在豆子山（今江油窦圌山）听到溪涧里水流的声音像打鼓似的，到扬平山就见到流水冲击石头，溅起水点，像下雨似的。这是瀑布的来路。由鼓声联想到娶新妇，由下雨联想到龙女，由龙女引出织绢，绢就是瀑布。瀑布一半流到罗江，一半流到玄武（今中江县）。

罗江，是一个富于文学传统的、山清水秀的地方。

流经罗江境内主要有两大河，一是源于龙安（今平武）经由安县（今绵阳市安州区）流来的洢水河，一是来自绵竹的潺水河。二水自西北方向流来，相汇于城北潺亭下，"两水相蹙成罗纹，县因以得名"。

罗江县城于乾隆三十二年（1767年）重新修建。城墙长约两千八百米，高约四米，底宽约四米。以青石修砌四座城门：东门名叫"潺水"，南门名叫"玉螺"，西门名叫"鹿峰"，北门名叫"金雁"。

出了县城北面的金雁门，在城外几十里地带，极目处，山峦清幽，峰岭苍翠。树林茂盛，翠浪千顷，玉泉山、凤凰山、象鼻山、云龙山起伏绵亘，像浪涌波迭的绿色海洋。

云龙山在城北，泞水河回绕山北，潺水河逶迤山南。在紫烟淡雾中，云龙山蜿蜒曲折，形似蛟龙，昂首向天。"茂林修竹，岩壑增幽；塔笔桥虹，参差入画。"

在云龙山与金山之间，有南村坝、河村坝和云龙坝，原是李氏家族聚居之地。明末清初的战乱、灾荒、瘟疫，使这块富饶之地惨遭破坏，罗江的本地居民，"存者仅一二"。李氏家族仅剩下一个逃离在外的人，他名叫攀旺，字美实。这便是李调元的曾祖父。

李美实回乡后，迁还到南村坝居住。他披荆斩棘，辟土垦荒，力田自给，娶妻生子。父子勤耕苦种，家里渐有余裕。

李英华乃李美实之子。这李英华有三个儿子，李化楠是其中之一。这一代人有机会入塾读书，他们想通过科举考取功名。

李化楠，自幼身强力壮，胸怀大志。他一边务农劳作，一边刻苦攻读，"家贫兼耕，尝携一经就垄畔读之"。年未弱冠便考上秀才；乾隆六年（1741年），二十八岁中举；乾隆七年（1742年），联捷进士。历任浙江余姚、秀水县令，升直隶顺天府北路同知。

雍正十二年（1734年）腊月初五日，李化楠的妻子罗氏在南村坝李家湾生下一个儿子，他就是后来著名的四川才子李调元。

李调元"生在南村坝，长在云龙坝"。原来李化楠于李调元出生之后，又在云龙坝李氏宗祠附近新建了一处别墅——"醒园"。

李化楠精于园林营造，小巧玲珑的别墅周围，粉垣围护，绿荫四合。园内，借天然地势，修建有大观台、木香亭、清溪草堂、洗墨池、临江阁……醒园位于云龙山麓，背西向东，盘溪环其北，潺亭绕其南……

山灵水秀，孕育了一代英才。于是，在罗江的历史上出现了"科第冠三巴"的奇迹：

父子一门四进士，

弟兄两院三翰林。

"一门四进士"指的是：李化楠，乾隆壬戌科（1742年）进士；李调元，乾隆癸未科（1763年）进士；李鼎元，乾隆戊戌科（1778年）进士；李骥元，乾隆甲辰科（1784年）进士。

李鼎元、李骥元系李化樟（其父为李英华）之子，为李调元的堂弟，弟兄三人中进士后均被钦点翰林。"两院"则是指李调元、李鼎元曾简放主考官（乡试之考官）。

二、风华少年

春去秋来，李调元五岁了。

云龙坝李宅里办起了私塾，李化楠延聘了擅长八股文的村学究，教儿子"四书"（《大学》《中庸》《论语》《孟子》）和《尔雅》。李调元天资聪明，记忆力强，所以很快就能背诵这些发蒙书。

稍大一点，老师又教李调元、李鼎元、李骥元以及一些附读学童"制义"。这是一种朝廷颁令的特定的文体——八股文，八股就是全文有八个段落，即破题、承题、起讲、入手、起股、中股、后股、束股。撰文的人按照题意，依上述格式，敷衍成篇。内容也是千篇一律"为圣贤立言"，拾取孔孟的牙慧，不得发表自己的见解。搦管为文，只是将其作为猎取功名的敲门砖。

李化楠具有远见卓识，他在八股制义之外，又抽空亲自教子侄们读经学、《史记》、《汉书》、诗赋辞章，以免他们被八股制义束缚，只停留在时文墨卷里讨生活。

李调元对于诗词对联饶有兴趣，他暗暗揣摩声律方面的学问，学习吟诗，"生平于诗有酷嗜"，"偏于觅句解推敲"。

七岁那年，李调元吟就一首小诗：

浮云来万里，

窗外雨霖霖。

滴在梧桐上，

高低各自吟。

　　李调元七岁吟诗的消息传扬出去后，一时之间，他被乡邻们视为"神童"。父亲也惊喜交集，一有空便在家里给李调元讲陶潜、李白、杜甫、苏东坡的诗歌。像春雨润育着幼苗一样，深情绵邈的诗，"长人才识，发人心思"，启沃了李调元灵慧的童心。

　　渐渐地，有的亲友、客人来访时都想看一看"神童"的风采，试试他的才学。一天，有位客人坐在花厅里，见李调元拿根竹竿，竿尖上包裹着一圈蜘蛛网，奔跑着在院坝里粘蜻蜓。那客人有所触动，笑着问李调元：

　　"我出一句上联，你能对吗，小兄弟？"

　　李调元停了下来："试试看，请命对吧！"

　　客人指着李调元手中拿着的物件命题："蜘蛛有网难罗雀。"

　　李调元转动着眸子，低头沉思。这时，郁热的天空洒下雨点来，地面有几条蚯蚓扭动着躯体正在"滚沙"，李调元灵机一动：

　　"有了。我对就下联：蚯蚓无鳞欲变龙。"

　　"巧对，巧对。多敏捷的才思呀！"

　　这敏捷的才思，来自李调元的苦读、多思，同时也得力于他的好动、善于观察周围的事物。他不是只读死书的"小大人"，他和乡里的野孩子一样，用明慧的眼睛永不餍足地注视着色彩缤纷的大千世界。

　　功课之余，李调元采撷山花，栽植小树；看江畔渔翁撒网，听山间樵夫讴歌。故乡的山山水水，是一部奇妙的大书：金顶云高，碧潭雨霁，竹林、庙宇、高塔、青溪、菜园、淡烟、乔木均位于最协调处，风光入眼，恍如置身于山水画幅中。山水的精英，孕育着灵秀，诱发了他的诗情，他唱出过一曲天籁《游山》："山乃外之书，奇文各领惬。书乃内之山，插架仰重叠……"

　　有时，李调元也顽皮贪耍，表现出未驯野性，胆大到爬树捉鸟、拨草寻蛇，在古宅的荒园里展现他的活泼天性。晚年时，他路过儿时发蒙的学塾，回忆起往事，写道"晨兴拨草寻蛇窟，响晚攀枝探鹊巢……"。他在嬉戏中接触了大千世界，获得了知识；在顺利或挫折中锻炼了应变能力，激发了探索的兴趣。

善读善游，相辅相成。李化楠对儿子既不放纵娇惯，也不拘束过严，他让儿子在心情愉快的情况下攻读，使其学问与日俱增。他循循善诱地鼓励儿子闻鸡起舞，鹏飞万里。在《夜坐偶成示调儿》一诗中，他深情地写道：

> 一灯勤教子，诵读莫辞辛。
>
> 书是传家宝，儒为席上珍。
>
> 志高摹碧汉，笔落动星辰。
>
> 受得苦中苦，方成人上人。

父亲的愿望没有落空。少年李调元早已暗自下定决心，"不共蜗居角蛮触，要从鳌背上蓬瀛"。他像那云龙山上的竹篁新枝，虽然还未直入云霄，但已经迎风摇曳，发出龙吟之声，不同凡响了。

三、学射

李调元弟兄从小受到良好的教育。父亲李化楠于乾隆七年（1742年）壬戌科成进士，官选咸安宫教习，但他没有就任，而是回到家乡，把精力贯注在对子侄的培育上。同时，他也热心于为乡梓邻里培养人才，诲人不倦，"远近从学者常百人"。

李化楠这次回乡，开始扩建庭园。他首先在荷花池畔设计、辟建了一条百多步长的道路，道路的尽头处竖立着一块画有红心的木牌——箭靶。

李化楠担心子侄们爱静不爱动，身体单薄。万一只会死读书，今后怎能肩负重任呢？他认为必须增加他们功课之外的活动，兼习文武，熬炼筋骨。他自己就曾勤练过骑射，"设垛百步，每发必中"。

在李化楠所处的时代，骑射不光是练功习武的技艺，而且还含着忠君爱国的内容。因为清朝是以骑射得天下的。在清朝前期，八旗子弟都勤于骑射，自亲王、贝勒以下，要年满六十岁才免去骑射练习。

皇宫里面也不例外。皇子们年满六岁，便拜师入学。每天清晨五点左右，皇子们便在宫内上学，直至中午。散学后还要学步射。五天一次，要在圆明园习骑马射箭，寒暑都不间断。

上行下效，这种尚武风气也影响到了一般士大夫家庭。比如，曹雪芹的祖父曹寅是"好射"的。曹寅以为"读书射猎，自无两妨"，他在苏州做官时，还写有《射堂晨霁》等诗。

李化楠很喜欢康熙朝满族诗人文昭的一首描写英武少年的诗《见城中少年》：

> 鹭翎缯笠半垂肩，
> 小袖轻衫马上便。
> 偏坐锦鞍调紫鹞，
> 腰间斜插桦皮鞭。

一天，李化楠特地从成都府买回了好几套摄木弓、桦皮箭壶和雕翎箭。

一切准备就绪，在一个晴朗的春晨，李化楠叫李调元把弟妹们集合起来。

李调元居长，还不到十二岁，依次下去是：李鼎元、李骥元、李本元、李谭元，后面还跟着一个四岁多的妹妹李小兰。

李化楠看着一色瓜皮小帽、蓝衫、青绸马褂的子侄们一双双灵动的眼睛，一张张天真的小脸，一股乐享天伦的喜悦之情油然而生。他真想上前去搂抱他们，亲热一番。但是，他抑制住自己，可不能娇宠晚辈，"严师出高徒"啊。更主要的是，要为国育才，从小培养他们报效朝廷的忠贞意识。

身材魁梧、立似铁塔的李化楠用洪亮的声音说：

"从今天起，你们在课间要练习步射，熬炼身体、坚强意志，今后做一个能文能武的人。

"我朝是崇尚武功的。圣祖仁皇帝（康熙）临终时还告诫臣民，不可因承平日久，便忘记了武备。当今皇上（乾隆）在幼年时，便跟贝勒允禧学射，跟庄亲王允禄学火器。据说一次，他随皇祖在热河秋狝行围，突然有只熊向他扑来，侍卫们救护不及，十分危险。可是，皇上举起火枪，一枪把熊打死了。天生神勇啊。

"再说一辈古人。你们大约还记得晋朝人陶侃的故事吧。他老来辞官闲居，没有多少事做，晨间把一百块砖由斋外搬到斋里，暮间把一百块砖由斋里搬到斋外。别人问他为什么，他说：'吾方致力中原，过尔优逸，恐不堪事。'你们要汲取前人的经验，趁年纪轻轻，多磨炼筋骨，今后才能胜任繁重的事业！你们任重道远呀。"

说罢，李化楠将弓箭分发给几个子侄，孩子们高兴极了。小兰也分得小弓箭，她像野鹿儿一般撒欢，尖声地嚷着："爹，快教我们射箭呀！"

李化楠当即示范，取了一个骑马蹲裆式，左手如托泰山，右手如抱婴孩，随后搭箭瞄准，一时箭离弦而飞，疾如流星。"嘡，嘡，嘡"三声，连发的三支箭镞，品字形刺入红心之中。孩子们拍手叫好。

从此，醒园的荷花池畔，在琅琅书声之外，又响起了嗖嗖的箭声。

因为李调元幼习弓矢，箭术高明，十多年后，当他中进士、入翰林，与同入词馆的同年们如史学家赵翼、古文家姚鼐等交游、诗酒唱和时，他曾被赵翼、姚鼐等人戏称为"李将军"。

四、"天然床"

李调元的童年是在家乡罗江度过的。在罗江城北云龙山下，有李家的宗祠和田庄。李化楠在浙江秀水县（今嘉兴市）做县令时，曾深情地回忆："我所思兮祠堂侧，异卉名花经手植。祠堂春水绿生漪，竹外柳丝翠如织……"

在这浓荫四合、溪绕池横的幽静环境里，李调元和他的弟弟妹妹们在家塾里求学。每当做完功课，几个孩子一溜烟地朝祠堂边跑去。临水处有一茅亭，亭内有一个粗大、古怪的柏树蔸——这树蔸有一个雅号，叫"天然床"。李调元常是第一个连跳带爬地攀上去的，他在上面翻筋斗，倒立，锻炼身体。

几年前，罗江县令杨周冕（号古华）主持修建奎星阁，在东山上伐大树，发现了一株大柏树。这株大柏树被砍来修奎星阁。李化楠这时正告假居乡，便向县令请求要这树蔸。树蔸深埋在地里，既难挖又难运，县令落得个顺水人情。李化楠雇人挖了六七米深，才将这宝贝刨出土来，又请了一百多名工役，合力抬运，好不容易才把它运回醒园。但见它"杈丫蟠结，百窍玲珑"。李化楠令木匠把顶端平整刨光，上面能容几个人坐卧。李化楠手书"天然床"三字，镌刻在侧面。再修茅亭一座覆其上以避风雨。

"天然床"旁，是清波澄澈的池塘，塘中种满荷花；对对水鸟，在池面上、荷花丛里浮游。李调元触景生情，曾写过一首七言绝句《小西湖看荷》：

谁开玉镜泻天光，

占断人间六月凉。

长羡鸳鸯清到底，

一生受用藕花香。

这一生"清到底"，"受用藕花香"，竟像谶语一般，预卜了李调元的一生。

五、家世

李调元在健康顺利成长中。

转过笔来，看看李调元的家世：

不可避免地，我们要面对明末清初四川境内那一段惨绝人寰的历史。血腥味仿佛仍弥散在巴山蜀水间。

主要是张献忠屠蜀引发的大劫难，继之以水旱灾荒、瘟疫（"大头瘟"）和虎患等，造成清初四川史无前例的残破不堪。以致顺治十七年（1660年）四川巡抚暨司道官由阆中进入成都时，只见"狐兔纵横，荒林丛杂，凡市廛闾巷居址一切不可复识。川北秦人随大军开辟斫树……然故民则万不获一也"。

"故民则万不获一"，说明以前的蜀人，经过这场大浩劫，存活下来的不到万分之一。

李调元的曾祖父李攀旺有幸成为万分之一的幸存者中的一个，为李氏家族保存下血脉来。

李攀旺遇上了一个地覆天翻、血雨腥风的时代。在他二十二岁那年，即崇祯十七年（1644年），出现了"一国四君"的历史奇观。

1644年，闯王李自成自西安率军攻破北京城。崇祯皇帝吊死在煤山（今景山）一株古槐上，"一根丝条，结束了一个王朝"。

李自成已于这年初在西安称王，进京后戴上皇冠，君临天下，国号大顺，年号永昌。明朝镇守山海关防清的将领吴三桂因爱妾陈圆圆被掳，"恸哭六军俱缟素，冲冠一怒为红颜"，出山海关降清，引清兵入关，击败李自成。清兵势如破竹，进入北京。多尔衮拥福临在北京英武殿称帝，"表正万邦"，年号顺治。

张献忠率部攻破成都，称大西皇帝，改元大顺。这时期，南京官绅拥立福王为弘光帝（后继有隆武帝、绍武帝、永历帝，史称"南明"）。

百姓习惯了大一统观念，铭记"天无二日，国无二君"。如今，遭逢"一国四君"，必然兵连祸结。果然，江南有"嘉定三屠""扬州十日"之血洗，而巴蜀大地更是在劫难逃。

张献忠入川途中，曾诏告"所属州县士民，照常乐业，钱粮三年免征"，"不许借天兵名扰害地方"。然而，在实际进程中，张献忠仍然因袭"马上治天下"，实行严酷刑法，打击面过大，未能安抚民众，恢复生产，而且横征暴敛，诛杀无辜。民众离心离德，纷纷逃往险峻的山寨。兵来则据守，兵去则出寨耕作。比如在什邡，"人多依山筑寨自保……煮木实、炙雀鼠以食"。张献忠遂命将四出，剿寨夺粮，以供军需。"剿寨"便是将守寨抗拒的人尽屠之，掠其财、夺其粮。据《蜀龟鉴》记，四川南部死于张献忠部者十分之三四；川北死于献者十分之三四；川东死于献者十分之二三；川西死于献者十分之七八。

在血雨腥风中，李攀旺侥幸从骨山血海中逃出，逃入石泉（今北川）荒山中。毛发披肩，衣衫破烂，形销骨立，如同野人。渴了，只有山泉可饮：饿了，只能以草根充饥。这天，他觉得天旋地转，站立不稳，倒卧在丛莽废墟之中，快要成为饿殍了。这位壮汉，不禁流下伤心的眼泪来。

这时，草丛中有一个毛茸茸的东西向李攀旺靠拢过来，准备美餐一顿。李攀旺在魂魄即将离窍那一瞬间，猛地生起了求生的欲望，使出最后的蛮力，一把抓住了这毛茸茸的动物——原来是只野猫，咬破野猫的喉管，拼命地吸饮那血腥的液体，然后昏沉沉地睡过去。待他醒来，已经是次日清晨，朝霞正安抚着这位"万里挑一"的幸存者。他提着天赐的佳肴——猫肉，向大山深处走去，寻找避难所。

李化楠在所著《美实公传》中写道：

公在石泉二年，值蜀中平定，乃归住（罗江）河村坝。时土旷多年，田地在荆棘中。公开荒刈草，独力经营。又历十余年，粗有积蓄，始娶妻，即吾祖母李氏也。时年四十一矣。厥后移居毛家坝，又十余年，移南村坝，子孙今家焉。当时兵燹之后，乡人存者百仅一二，而公族属又无一人在者，故前后三迁，未得复业。

由于劫后余生，李攀旺对天地神祇常存敬畏之心，颇能自警、醒悟人生，因之，该传记又写道：

公为人忠信浑朴，不较是非，凡事退让，人有犯者，辄温语谢之。尝谓人曰："吾昔在兵劫中，逾越险阻，冲冒锋刃，野居露处，朝不保暮，自分必死。今幸上天之眷，祖宗之灵，以有其身，得延李氏之一线，吾何求哉？吾唯有'吃得亏'三字，可以保身，可以遗后，愿世世子孙宁守而勿失。至于机巧变诈是吾所短，然亦羞而弗为也。"乡里以此多之，至今称为长厚……遇戚党有急贫者，多所周济。

李攀旺的言行，与儒家提倡的"仁者爱人""忠厚传家"的理念相契合。"仁者必有后"，"厚德载物"，福庇子孙。李攀旺享年七十四岁。以李化楠中进士，为官清正，其祖父赠文林郎，祖母李氏赠孺人。子三：文彪、士逵、文彩。

李调元的祖父李文彩，字英华，与兄李鸿飞是一对孪生兄弟。李攀旺先让他们兄弟俩"束发读书"，后因时世艰难，不得不弃读力耕。由于粗通文墨，后来家境好转后，他们坚持自学，耕读两不辍。李化楠在《文林郎英华公传》中写道："（公）晚年喜植花卉，尤嗜读书……又或寄兴江湖，或携斗酒至河岸，或垂钓，且钓且酌，放怀自适，视人世繁华艳冶如无有也。"这样旷达的胸襟，无疑给子孙以深远的影响。

李文彩是一个仗义疏财之人，"喜宾客，好施舍，计田中每岁入蔬布足自给，余悉以饷客。遇人方窘急，辄设法周济，或代出名立券，后虽倍息偿，无怨悔"。颇有其父亲美实公的风度，对人宽，对己严，吃得亏，成人之美。

　　家庭是社会的细胞。有了众多健全的细胞存在，肌体自然康健，生命便有充沛的活力。长达一百多年的"康乾盛世"，正是由众多像李家这样的小康之家支撑起来的。儒家的伦理道德，功不可没。李文彩天性过人，"孝友纯笃，兄弟之间，欢然无间。分居析产时，公重自损抑，田取其远而瘠者，地取其不毛者，谓少服于是，不须更易。祖造旧屋，让归长房，偕鸿飞公另有营屋而居住"。处世接物，处处符合儒家"孝悌"之道。这些德行，直接传给了李化楠、李调元。

　　父以子贵，李文彩于乾隆十七年（1752年）敕封文林郎。原配赵氏，敕封孺人。公生于康熙二十七年（1688年），卒于乾隆二十二年（1757年），享年六十九岁。

　　李化楠承前启后，是他将祖辈的优良家风发扬，并教子有方，在前人厚积道德的基础上，抚育培养子侄，使之脱颖而出，成为一代英才。

六、癫和尚的预言

梵宇琳宫的飞檐翘角，隐现在青山翠林间。在罗江城北的山谷里，有不少清幽的禅院。青年时代的李调元游山玩水时观瞻过一些佛堂，而且，还寄住在长日寂寞的古寺里读诗书。寺院的兴复、香火的繁盛，暗示出罗江和全川一样，在李调元成长的时代，生产恢复，百姓生活安定，民间有了余裕。

清同治版《罗江县志》里写道："明季兵燹后，生民凋瘵，邑几为墟，故于顺治十六年归德阳兼管……至世宗宪皇帝时土辟人众，于雍正七年时遂复设令尉为治。"这是李调元出生前五年的事。恢复罗江县治后，几任知县均能宣化朝廷之意，重视发展生产，使路过罗江的异乡人发出"田腴知俗厚，民秀想时平"的赞美。李调元在《赠罗江杨明府》中称："民如春草怀新雨，政似秋风卷碧涛。林外归明村犬静，山头水转野田高。"诗注里称赞县令重视"农田水利，设法疏浚，凡阜高不能开渠作堰者，令作筒车引水灌田"。

承平日久，民众过着安居乐业的生活。从《李石亭文集》里，我们看见罗江"元气渐复"，兴学校，建纹江书院，修奎星阁和寺庙，在酬神赛会的"善举"中，名刹古迹、灵景奇花得到保护。

李调元在南村的宝林寺，观赏过"铁干森梢"的仙人掌，它"开花如芙蓉"，当时应属于珍贵的品种，大概就是今天的令箭荷花吧。

在罗江城外有一座东岳庙，李调元曾来这儿进香，读书题壁。

还有一段时期，李调元寄居在鹊鸰寺中读书。大约是夏秋季节，上山的时候，由书童朱贵挑着一些简单的行李，沿着松林下蜿蜒的山路行进。重冈复岭，如屏如障，云烟岚气，积翠堆蓝。

这庙内只住有一位老和尚，他僧衣褴褛，言语颠倒，被人称作"癫和尚"。

李调元主仆在东厢房里搭了床铺，二人自炊而食。这儿远离尘嚣，空气清新，真是一个理想的读书场所。

晨早，李调元便在山门外的石坝上朗读经史；夜间，他在一盏青油灯下吟诗作文。书童朱贵点燃拾来的松毛，在红泥炉内煮水烹茶。癫和尚关了山门很久，还看见李调元住室窗棂间的灯光。年轻人抚案长吟的声音在万籁皆寂的长夜里分外清脆悦耳。这声音，仿佛勾起了癫和尚的回忆，唤醒了他遥远的梦……

一天夜里，李调元挥毫在尺幅素宣上写下了《寓居鹊鸰寺读书二首》：

（一）

昏黑诸天列上头，高斋寥落近初秋。

岩边树叶萧萧落，林外滩声瀑瀑流。

岚隐禅房灯火暗，云侵佛壁榻床幽。

诗思我欲穷周朴，只恐逢樵误认偷。

（二）

平林茅屋出枯丛，向夕萧条落叶风。

穿径鸟声呼过客，下山牛背带村童。

独来独往人谁见？时息时休物亦同。

只有野人长伫立，遥看天外没飞鸿。

李调元在室内长吟。室外，癫和尚听得入神，勾起了他许多感触。癫和尚的眼神充满了长者的仁慈和欣慰，熠熠发光。这目光，洋溢着智慧的风采。谁要是与之相触，定会惊奇地觉察出这和尚平时的疯疯癫癫是假象，这是一个遁世的高人隐士，在山林里韬光晦迹。他原有一双识人的慧眼啊！

第二天清早，李调元依旧去山门外读书，见癫和尚在山门土地的香座前拾掇一块编好的小竹篱笆，篱笆上贴着写有字的黄纸。

"长老，你早。你在做什么佛事呢？"

"做佛事？哈哈。昨晚山门土地爷给我托梦，嘱我在这儿给李翰林安一个神位。"

说到"李翰林"三字，癫和尚瞟了李调元一眼，似有意又似无意，似疯话又似预言。

话说完后，癫和尚倒趿草履，飘然而去。

七、村歌社戏的启迪

　　童年最向往过年。新春年节，李氏宗祠的私塾要放十多天假。孩子们像脱缰的野马，可以在山间水涯撒欢，吹竹号，放鞭炮，或追逐龙灯、舞狮，看热闹。

　　这一年，李调元最感兴趣的是由塔水来的高跷队伍。塔水高跷在周围几县很有名，被称为"楚黄屠"。因为擅长此艺的屠家，原是由湖北黄州来的移民，业余演员们走村串寨，凭借晒坝，高悬灯笼，便因陋就简地上场了。演出时脚踩五尺高的跷，载歌载舞，"搬演亦与俳优同"：有一"老者"，手持钓竿，磻溪垂钓；另一"美女"，端坐莲船。村民们都很熟悉这些故事，啧啧称赞："啊，那是姜太公，那是西施女……"

　　初九这天，李调元又骑着马随父亲去德阳孝泉赶"上九会"。这儿有孝子姜诗的故宅，宅侧的涌泉里，传说曾因姜诗孝心感格，跃出了双鲤供膳。

　　会期前几天，姜诗祠周围便筑台搭棚，"货物山积，百戏杂陈"。李调元父子来的那天，是赶会的高潮，四方云集，接踵摩肩，许多人是从几百里外来烧香的。今年会首聘来几个班子，异彩纷呈。父亲告诉李调元，德阳人最喜欢高腔戏，因为城里从湖广来的移民最多；绵竹人却喜欢梆子腔，因为绵竹城内陕西来的移民多……李调元注视着粉墨登场、神情毕肖的剧中人，目不暇接。他既喜欢高腔，也喜欢梆子腔。这边看看，那边听听，眼界大开。何况，茶棚里还有醒木声声的说书人，弹琴铮铮的唱曲的小姑娘。"走长绳"的表演，惊心动魄，险象迭生；"被单戏"里，口技迷人，不时激起哄堂大笑。乡风俚曲醇如酒，醉了敏感少年的心。

虽在塾中闭门攻读，田歌俚曲仍不时冲着书塾飘来。醒园外的田野平畴，每当春田插秧时，按照古老的习惯，农夫们要选善唱的歌郎二人，于垄上击鼓鸣锣，同时又轮流曼声领唱，一唱众和。

这种村歌，大多七字句，四句成歌，行腔合拍，很有古代竹枝词的遗意。秧歌声声，应山应水，娓娓动听，能使"耕者忘其疲"。是谁，模仿山区女郎的口吻，唱出了满蕴心底的柔情：

> 线磴回盘万仞岗，
> 采茶郎似去年忙。
> 几家门户原依旧，
> 认取沿山七里香。

优美的词曲，像春风化雨，滋润着李调元的心田。他对民歌戏曲的兴味愈来愈浓，一有机会，便偷偷溜到庙会看社戏。

社戏虽多，但对学童们来说，只有二月初三日的"文昌会"，他们才能名正言顺地集队前往。因为文昌星，又叫文曲星，旧时传说是主持文运功名的星宿，和学童的前程大有关系。

云龙山中，有一个龙神堂，文昌会要在那儿举行。二月初三是文昌帝君的诞辰，晨早乡民们从四面八方赶来朝拜，庙里要请大戏班子来唱戏。

沿着"白沙碧水环杉柳"的乡间小道，李调元带着弟弟们兴高采烈地赶来了。一色的土机织蓝布长衫，外罩青湖绉马褂，头戴红结子瓜皮小帽。书童朱贵提着香篮在前领路。

小哥儿们烧香拜佛之后，来到龙神堂第一层乐楼下。演戏前的鼓乐，轻吹慢打着。李调元看那楹柱上刻着一副对联：

忠奸贤愚聊假今形传古教，

治乱安危为助风化扮粉墨。

在万头攒动、人群推搡中，戏文开演了。

小哥儿们被剧情吸引，随着剧中人的悲欢离合或唏嘘泣下，或喜笑颜开。

这个扎根民间的四川戏班的演出，显示了戏剧"高台教化"的力量，它使李调元看得入迷，并影响了他，使他在日后的岁月里与川戏结下了不解之缘。

戏完人散，回到家中，戏中的人物、故事还在李调元的脑海浮现。耳旁还萦绕着激楚有情的高腔旋律。"呀，真是'余音绕梁，三日不绝'啊。"

李调元挥笔写下了一段对戏曲的观感。这段观感经他润色，作成了《雨村曲话·序》里的一段文字，阐发了戏剧要描写人情的观点：

> 夫曲之为道也，达乎情而止乎礼义者也。凡人心之坏，必由于无情，而惨刻不衷之祸，因之而作。若夫忠臣、孝子、义夫、节妇，触物兴怀，如怨如慕，而曲生焉。出于绵渺，则入人心脾；出于激切，则发人猛省。故情长情短，莫不于曲寓之。人而有情，则士爱其缘，女守其介，知其则而止乎礼义，而风俗醇美……

李调元从青少年时代开始萌发，继而逐渐成熟的"情感说"，与同时代的诗坛领袖袁枚倡导的"性灵说"不谋而合，殊途同归。"性灵说"主张在诗中表现自我，表现喜怒哀乐的"人欲"。袁、李崇尚人情，实际上是对宋明理学提倡的"存天理，灭人欲"的一种批判。他们的观点与前辈——伟大作家曹雪芹也是一脉相承的。曹雪芹声称《红楼梦》旨在言情，即发泄儿女之真情和意趣。

不矫情，不作伪，在李调元今后的做人、作文中都将充分表露出来……

八、涪江别

李化楠在乾隆七年（1742年）壬戌科考中进士。按当时的社会风气，由进士入翰林院是最荣耀的出仕途径。李化楠一生中很大的遗憾便是未能入翰林。而且，只选用他当咸安宫教习——这是考中进士的人认为的很差劲的差使。

什么是咸安宫教习呢？

按照清朝制度，官学选用教习来专门教育旗人子弟。官学主要有："宗学"、"觉罗学"（清太祖之父显祖的直系子孙称宗室，用黄带；显祖之旁系子孙称觉罗，用红带）、"八旗官学"、"景山官学"、"咸安宫官学"等。

官学里面有汉教习、满教习。隶籍内务府旗人的曹雪芹据说就在官学之一的"宗学"——为造就皇室本族的人才而设立——里当过差。

咸安宫官学是雍正七年（1729年）设置的，由内务府管理，选内务府三旗十五岁以上二十岁以下的俊秀学习满汉书。汉教习用进士或举人，居住咸安宫任教。三年期满，分别等第，进士以主事、知县用，举人以知县、教职用。

李化楠被选作咸安宫教习，但他没有去任职，而是"不就而归"了。推其原因，一则是"惭愧銮坡非我有"，以未点翰林而抱憾，再则内务府的旗人子弟是不好"熔铸"的。来自西蜀�邑的他，顿然产生不如归去之感，于是他拂袖归田，回到民风古朴的故乡田园，课子授徒。

岁月如流，转瞬便是十年。

乾隆十六年（1751年）春，李化楠得到吏部发来的公文，要他到北京"投供点卯"，轮班应选。出仕做官的机会来了。

令李化楠欣慰的是，儿子李调元已长大成人，满了十七岁，风姿翩翩，玉树临风。这些天，因要和父亲分别，李调元有些黯然神伤。

当时出川赴京，主要有两条道路：一条由成都坐船经嘉定（今乐山）、叙府（今宜宾）、重庆出三峡过湖北北上；一条出剑阁，走栈道，逾秦岭，经陕西北上。李化楠选择了后一条陆路。

一个春意阑珊的日子，李调元步行几十里送父亲去绵州（今绵阳）。这是个乍晴乍阴的上午，时而春和日丽，时而阴云密布，如轻雾般又飘来霏微的春雨。

眼界所及处，像画家五颜六色的调色板：远山苍翠如黛，近处绿野如茵。田畦里，麦穗吐青，衬以一片片耀金灼目的油菜花。逶迤古道边有翠柳、夭桃、白李，还有含苞时纯红、开繁时变淡、花落呈纯白色、"白白红红一树春"的杏花。紫燕双双，口衔花泥，呢喃垒巢，益显出勃勃生机。

李化楠被故乡的田园美景引得内心一阵阵颤动。他回头对李调元说："古人云：'不学诗，无以言。'对此阳春烟景，儿可诵一首诗，或前人佳句，或自己沉吟，也不负此春光啊！"他平日要求子侄学习诗赋，今天想借此测试测试。

"前人每留佳句，使孩儿常有'眼前有景道不得，崔颢题诗在上头'之慨。这山野春色，明代诗人已有一首写景状物的好诗了。"

"明代谁的好诗？"

"沈明臣的一首竹枝词：'青黄梅气暖凉天，红白花开正种田。燕子巢边泥带水，鹁鸠声里雨如烟。'"李调元朗声长吟道。

"果然不错。诗中有画，生趣盎然。"

父子俩沿途看景谈诗，颇不寂寞。不知不觉间，已过了绵州古城，来到涪江渡口。这涪江青碧如黛，运载繁忙，"层迭青峦，通松（潘）龙（安）于一线；往来画舫，集吴楚之千帆"。在等候仆人去交涉渡船，搬运行囊、书箱之际，父子俩在江边的一座茅亭内小憩。这儿是送别之地，李化楠向儿子嘱咐道：

"你在家要协助老师，把弟弟们的功课教好。当兄长的更要以身作则。古人云：'学如逆水行舟，不进则退。'男儿当自强啊！现今有一些风气不够好，世家子弟以为可以花银子开捐，买一个生员（秀才）资格，因而不肯认真读书，腹中空空，心术不正。你弟兄千万不可沾染上这种纨绔习气。如果你在家乡不能考中生员，就不要到我的任所来相见。我也决不会拿银子给你买银雀帽顶，给你开捐！"

"儿谨遵庭训。"李调元立起身来恭敬地回答。

"老爷，请上渡船。"仆人禀告后，走过来搀扶主人走向船头。

绵州送别，江亭赠言，激励着李调元发奋攻读。几个月之后，他考中了秀才，入了泮，取得了三年一次参加省城乡试考取举人的资格。于是他兴致勃勃地买舟东下，出三峡、泛长江，到父亲的任所浙江余姚。

九、扁舟下长江

由于父亲被任命为浙江余姚县知县，时年二十岁的李调元于乾隆十八年（1753年）腊月侍奉祖母赵太孺人、继母吴太恭人、弟谭元由水路乘船至浙江余姚县署。

"读万卷书""行万里路"，是儒生们增长知识、开阔眼界的必由之路。李调元一家在青山绿水中航行，他在《舟中》中写道："扁舟一叶轻，蒙蒙晚烟里。白鸟溯江飞，时时点秋水。"诗中描写出眼前景物，抒发旅途的愉快。木船沿涪江而下，经三台、射洪、遂宁、潼南，至合川划入嘉陵江，再至重庆朝天门汇入滚滚长江。

李调元以惊异和喜悦的心情，描写了泛舟的情趣。他在《早发涪江》中摹绘了一幅风景画：

清江滴空翠，晓晚浑不辨。

月光水面微，树色烟中见。

舟人贵早起，开舵迅如箭。

晨兴未盥沐，先戒束棕荐。

不敢遽开蓬，但闻桨声溅。

奔浪听渐远，倏若已后殿。

……

有过乘木船长途旅行经历的读者，可由此诗引起共鸣，唤起美好的回忆，并领悟到李调元那颗在山水间欢跃的心和师法自然的灵感。

山城重庆，万商云集，是当时西南地区最大的商埠。在这座陌生的城市，没有亲友，李调元感到落寞，提笔写下《渝州登朝天城楼》：

五鼓城楼画角催，四山云雾黯然开。
三江蜀艇随风下，万里吴船卷雪来。
剩有小舟来卖酒，更无诗客共衔杯。
少年壮志无人识，袖手寒天寂寞回。

好一个"袖手寒天寂寞回"，形象生动，耐人寻味！

与烟火万家的重庆城区大异其趣的，是长峡中的巫山县，李调元写了一首《巫山县》：

小小巫山县，云峰密似麻。
天宽才一线，地仄控三巴。
瀑挂山山树，溪流处处花。
瞿塘天下险，莫更说褒斜。

李调元还拜谒过夔州（今重庆奉节）的杜甫陵祠，题诗中有"一朝诗史为唐作，万丈文光向蜀留"（《谒杜少陵祠》）的佳句。过湖北秭归，有感于屈原的忠贞爱国，"欲赋《怀沙》泪已流"（《归州谒三闾大夫庙》）。荆州雄关，赤壁烟云，鄱阳湖风涛，无不令他发思古之幽情。

文章得山川之助，雄奇的三峡险峰骇浪、古哲遗迹，开阔了李调元的心胸。

发为吟咏，比之少年塾中诸作，意境更深远，笔力更遒劲。

航行千山万水，一叶扁舟泊在了石头城下。六朝金粉，江上古都，牵动诗人的诗情，李调元写下了不同凡响的《金陵怀古》：

> 大江划断两边天，几度临江意黯然。
> 折屐至今思谢傅，投鞭终古笑符坚。
> 雪消水榭闻吹笛，日落新林有渡船。
> 试问从前赋词客，谁能写尽六朝烟。

从南京下行，扁舟自镇江附近折入大运河向南行进。

终于，舟泊在浙江杭州，漫漫旅程即将结束。李调元漫游西湖，不禁想起南宋偏安小朝廷，写下了《金陵怀古》的姊妹篇——《钱塘怀古》：

> 宋家事业已全销，漫把余杭说故朝。
> 江上只应寒月照，湖边偏见暮云绕。
> 王师不抵黄龙府，帝子空余白马潮。
> 日落诸陵何处是，冬青树老雨潇潇。

万里水程，使李调元在实地考察中阅读到一部生动的历史：秦楚交锋、蜀汉遗迹、三国风云……对照熟读过的经史古文，两相映照，领悟益深。同时，李调元亲近大自然，途中千变万化的田野、丛林、碧波、奔涛、苍山、长峡、小镇、雄关……无不给他美的感受，潜移默化地提升了他的形象思维能力，使他善于观察、体察入微，从而捕捉到稍纵即逝的诗的意象。

风驱樯橹，来到宁波。宁波，位于甬江两大源流——姚江与奉化江的汇合处，唐宋以来便是我国著名的对外贸易港口之一。烟波万里，洋船进出。这是一座开放的、充满活力的城市。来自内陆山川的李调元，以惊喜的目光欣赏它，以敬仰的墨笔礼赞它，写下这首《登宁波城楼》：

雉堞凌云脚下开，鲸波带日岛边回。

江中船出海中去，洋外帆从天外来。

地近东溟先见日，云垂南浦忽闻雷。

不知何处蓬莱是，遏看沧沧贝阙开。

　　李化楠任县令的余姚县，位于宁波府与绍兴府之间的姚江之滨。李调元下车伊始，便拜识了塾师俞经，一位鄞县秀才，并与之结下深厚的友谊。

十、浙江深造

在宁波鄞县郊外十里，一个农庄，背靠浅山，面临一溪流水，景色清幽，饶富江南风味。

乾隆十九年（1754年），正当"暮春三月，江南草长，杂花生树，群莺乱飞"的日子，李调元来到农庄前，拜访主人——鄞县秀才俞经（字醉六），执弟子礼，甚为恭敬。醉六先生是李调元入浙后的首任教师。师生间关系很密切。这天，俞醉六特邀请李调元到家中饮酒吟诗，在郊游中愉快地进行教学。

席间，李调元将眼前景物咏成《题俞醉六夫子小照》：

> 旷达如夫子，柴门半结萝。
>
> 鹤驯随意放，鸥静与心和。
>
> 但有通儒至，全无俗客过。
>
> 草生青霭满，松老白云多。
>
> 是竹邀同看，逢花必共哦。
>
> 从游欣雩下，归咏敢辞歌。

除了俞醉六，李调元也从李祖惠先生学习经术；又从年已七十的诸暨施沧涛（字瞻山）学习诗法。海宁查虞昌（号梧冈）先生对李调元的诗歌创作亦加以指导。李调元孜孜好学，焚膏继晷，博采众家之长。他知道"水之积也不厚，则其负大舟也无力"。要想出人头地，必须厚积薄发。明清八股取士，对于参加科举的士人来说，研究科举制的八股文至关重要。钱塘陈学川先生在这方面对他的教导甚多。《雨村诗话·卷十》称：

> 余诗学授于海宁查梧冈先生，而科举实得力于钱塘陈学川先生沄，美须髯，长身鹤立，古貌古心。癸酉，余随任余姚，先生初中是科副车。先北路公闻其时艺首称宗匠，因延请课余于署之"六不斋"西。自是余文始有法……相晤于京，先生以同年呼之，余执弟子礼益恭。癸未，余捷南宫，入翰林。先生下第，直至壬辰，始成进士。归班，年已老矣。

这里记载了"师生同年"的一段趣事。按科举制度，同科考取者称为同年——汉代以同取孝廉为同年，唐代以同取进士为同年，明清两代乡试同榜登科者俱称同年。

寻师学艺，博采众长，不断提高自己的文化素养，这是李调元浙江之行的最大收获。值得一提的，还有他勤学绘画、全面发展的志向。稍后一段时间，李调元从陆宙冲先生学习绘画，从而奠定了他诗、书、画俱佳的基础（点翰林以后，曾奉旨为乾隆皇帝绘画，书写扇面）。《雨村诗话·卷三》写道：

> 秀水陆渔六（宙冲），工诗画。先北路公曾命余从学画。有句云："当湖陆子真奇绝，得遇王宰传真诀。清江滚滚走蛟龙，白日蒙蒙笼烟雪。分明纸上活三毫，飘渺云山惊一瞥。追风独让骅骝先，入室应惭虎豹劣。"渔六又以家藏《渊鉴类函》一部并所画山水二轴见寄。

与良师益友交游，切磋学问，充分吸取各种养分，李调元在学术研究和文学创作方面练就扎实的基本功。

乾隆二十一年（1756年），李调元奉父命回四川参加乡试。按清制，乡试三年一科，逢子、午、卯、酉年为正科，遇万寿、登极各庆典加科者为恩科。

各省乡试，凡属于本省府、州、厅、县之生员与贡监生、生官生，经学政科考录取、录遗后，准予录取者皆可应考。

乡试分三场，于农历八月举行，初九日为第一场正场，十二日为第二场正场，十五日为第三场正场。先一日（初八、十一、十四）点名发给试卷入场，后一日（初十、十三、十六）交卷出场。

离浙前夕，李调元笃于情感，与师友们依依不舍，诗酒流连。尤其对俞醉六先生，更为依恋。他在《将归剑南之鄞别俞醉六师经》中写道：

> 杖履春风坐有年，担囊行色又苍然。
> 后堂此日辞张禹，前帐当时授郑元。
> 蜀道如天云渺渺，吴船连月雨绵绵。
> 闻鸡起舞寻常事，肯让加鞭祖逖先。

李调元回川应乡试，仍不第，悲甚。然而，俗语有言：日有所思，夜有所梦。他当晚做了一梦，"梦中闻人语曰：'汝乃下科第五名经魁也。'觉而异之，记于店壁，俟验"。虽然有梦兆，李调元还得面对现实，鼓起勇气回浙江，挑战命运。

十一、落榜之后

乾隆二十一年（1756年）的某个秋夜，在成都北门大桥边一家名唤鸿禧的旅栈里，虽然庭院水池边芙蓉照水，灿如云锦，可是一间间客房内却不时传来年轻的旅客们长吁短叹的声音。有的人倒床睡着闷头觉，有的人借酒浇愁，且在醉后痛哭流涕。

抑郁的气氛，也感染了正在芙蓉树下拾掇小小菊圃的旅栈主人。这个阅历丰富的中年男子搁下花剪，喃喃自语道："这真是'得势的猫儿雄似虎，落第的秀才愁如痴'啊！"

和三年前一样，秋闱期间，住在这儿的客人，全是绵州涪江书院的生员。当时的绵州，是四川省的直隶州，辖五邑：绵竹、德阳、安县、梓潼、罗江。四年前，即乾隆十七年（1752年），绵州刺史费元龙在越王台畔创办了涪江书院，选州属五邑的生员入学。今年，是涪江书院生员第二次到省里参加乡试，其中一部分住在鸿禧旅栈中。

按清朝制度，乡试三年一科，逢子、午、卯、酉年为正科，遇万寿、登极各庆典加科者叫作恩科。清万寿恩科始于康熙五十二年（1713年），登极恩科始于雍正元年（1723年），自后沿以为例。

这年是丙子正年，生员们若考中，便有了举人的功名，即取得入京考进士的资格。即或未能考中进士，也可通过"拣选""大挑""截取"等途径出仕做官。

四川的乡试在成都举行。康熙年间，在皇城坝建立贡院，悬"贡院"匾于大门上方正中处，建"明经取士""为国求贤"两坊于东西。贡院大门外为东西辕门，大门分中、左、右三门。进大门后为龙门，在龙门与至公堂之间有一座明远楼。

涪江书院的生员和全省来应试的士子一道，参加了八月的三场考试，即初九日的第一场正场、十二日的第二场正场和十五日的第三场正场。

八月底，是放榜之期。这天晨早，学道衙门发了榜。可"鸿禧"不喜，住在这儿候榜的生员们都没有考中。因之，既没有试差敲锣来报喜、贴红报，也没有因榜上列名成了举人老爷的新贵散发红封（赏钱），喜不自禁地喊雇轿子要出去拜座师的喧闹。

际运如此，不仅使跟随主人的书童感到晦气，就连店主人也觉得不光彩，担心今后影响自己的生意。

然而，东上房里，却和往天一样，传来阵阵吟诵之声。房中之人似乎对于乡试下第，并不特别颓丧。店主人记得，这间房里住的是罗江生员李调元。

前几天，李调元在青石桥书肆买到一部《升庵夫妇乐府》，他被明代新都状元杨升庵、黄娥夫妇俊语如珠的辞章迷住了。今天上午，他得知自己榜上无名，虽不免一时心悸，但冷静一想，杨升庵在科场中也曾失意过，任何事都不会是一帆风顺的。今科不中，只要勤奋学习，来科再考吧。这样一想，他也就不怨天尤人了。

刚才，李调元吩咐书童朱贵去九眼桥码头包定一只船，准备明晨离开成都，取道嘉定、叙府、重庆，出三峡，再去浙江父亲的任所——父亲这时任浙江秀水县令。朱贵去后，他关在房里继续读这本《升庵夫妇乐府》。正当李调元读得津津有味的时刻，双扇门嘎的一声被撞开，随着扑鼻的酒气，跌跌撞撞地闯进来一个书生，他手上还提着一壶剑南春酒。

"尧春兄，你怎么醉成这样了？平时你从未喝醉过的呀！"喝醉的青年是李调元的同窗好友，家里开有酿酒作坊，他姓唐，名乐宇，字尧春，号九峰，少年勤学，能诗。李调元的父亲读到他的《桔柏渡》中"白沙千里月，黄叶半江潮"一联，大为赞赏，将他收为门生。唐乐宇和李调元先后入泮，进了涪江书院，两人亲如手足。

"调元，榜上无名，有何面目去见江东父老？来，喝呀，喝，一醉解千愁。"唐乐宇把酒壶嘴又向自己口边送去。一口逆气，他呛咳起来。

李调元夺过酒壶，又将唐乐宇扶到桌前坐下，倒了杯热茶喂他，委婉地劝他，不要消沉自伤，"胜败乃兵家常事"，不要稍遇挫折，便灰心丧气。同时告诉唐乐宇，自己明天清晨便要解舟东下。

"下第回去，你不怕老伯责备你？"唐乐宇有些担心。

"我要去拜访名师，发愤攻读，有家父督促，可以防止我的荒怠。"

"哦……你答应过分别时题诗赠给我。可今天，你还有心思吗？"临别依依，唐乐宇酒醒了一半，他握住李调元的手说。

"有，你这一来，更牵动我的诗情，我要一吐为快。"李调元走向摆着文房四宝的楠木桌，铺开一张暗竹纹浅蓝色薛涛诗笺写道：

> 行李依然逐逝波，年年为客走关河。
>
> 黯然一别魂销矣，去也相看唤奈何。
>
> 世上怜才休恨少，平生失学本来多。
>
> 天公有意君知否？大器先须小折磨。

诗题为《将复至浙留别唐尧春乐宇》。唐乐宇看着这寓有深意的诗句，心潮起伏。这句"世上怜才休恨少"正似针砭了怨天尤人、错怪考官有眼不识人的偏激情绪；"平生失学古来多"，可看出李调元严于责己，承认学问有不足之处，有自知之明。找出差距，为的是不懈地进取呀！结尾"大器先须小折磨"一句，更富于哲理。一蹶不振，怎堪大用？杨慎、苏轼、陈子昂、司马相如这些蜀中先贤，谁又没有遭遇过险阻困厄呢？他们是生活的强者，战胜了运途的磨难。

盘根错节，始见利器啊！唐乐宇是一个血性男儿，为了不辜负朋友的美意、苦口婆心，为了表示从颓唐中猛醒，他抓起酒壶向墙脚边掷去……他发誓一般嚷道："功名不成，不开酒戒。"

唐乐宇的酒戒了一段时期。几年后他与李调元先后都考中了进士。乾隆三十一年（1766年），一个春风沉醉的傍晚，李调元正在北京寓处编著《函海》，唐乐宇欣然来访。他俩异乡重逢，千言万语，不知从何说起。还是唐乐宇将特地带来的剑南春酒扬了一扬，笑着嚷道："这次不摔破它了。世兄，今天开酒戒，我们到前门大街边饮边谈，不醉不休！"

十二、尔是峨眉秀

　　乾隆二十一年（1756年），李调元的父亲由浙江余姚知县改任秀水知县。

　　秀水县，因秀水得名。秀水源出南湖，北入运河。秀水县与嘉兴县同城而治，明清两代，两县同为嘉兴府治所在地。这情形很像当时的成都府下辖成都县、华阳县，一府二县同城而治；只不过成都又兼省治所在地罢了。

　　秋天，李调元应四川乡试，不第，于是乘船沿岷江入长江，再游江南，省视父母亲。拜浙江名士徐君玮、查梧冈为师。他到得正是时候，有幸拜识以词翰受知于皇帝的两位"儒臣老辈"——钱陈群（号香树）和沈德潜（号归愚）。

　　钱陈群是浙江嘉兴人，康熙六十年（1721年）成进士，改庶吉士，授编修。乾隆初，迁内阁学士。乾隆七年（1742年），任刑部侍郎。乾隆十七年（1752年），钱陈群年六十七岁，以病乞归。沈德潜是江苏苏州人。乾隆四年（1739年）进士，时年已六十七岁，被乾隆皇帝称为"江南老名士"。官至礼部侍郎。乾隆十四年（1749年）休致（退休）。这两位优游林下的老名士常相过从。

　　钱、沈受乾隆皇帝殊恩，以后特诏入京参与"香山九老会"。乾隆皇帝南巡时，几次接见二老，"往复酬答，君臣若师友"。乾隆皇帝赐沈德潜诗，云："清时旧寒士，吴下老诗翁。近稿经商榷，相知见始终。"南巡时又赐钱、沈二老诗，曰："二仙仍此候河滨，三载相暌意更亲。郭泰李膺一烟舫，沈期钱起两诗人。"沈德潜终年九十七岁，谥文悫；钱陈群终年八十九岁，谥文端。

李调元来秀水的时候，正逢着乾隆皇帝又一次南巡。秀水为全浙门户，浙江巡抚杨廷璋见李化楠办事干练，委任李化楠办"头站大营盘"，准备接驾。李化楠日夜运筹，竭尽心力。李调元初来时匆匆见过父亲，由父亲带他到钱陈群府拜见一代儒臣；此后，三个多月父子再未见过面。这三个多月，李化楠督率工匠在城北洼地上起造了园亭溪流，栽花植草，建成了一座园林。

这三个多月，李调元常到钱府领教。原来，钱陈群初见李调元一面，因见他言辞慷慨、举止洒脱、亮拔不群，便暗地器重这个来自西蜀的年轻人。

第二次见面，钱陈群出了一道咏物诗题——《春蚕作茧》，有意试一试李调元的才华。

李调元看过诗题，沉思片刻，便伏案挥笔字斟句酌地撰写了一首五言古诗。钱陈群接过诗笺看后，点了点头，并提起朱笔，在颔联上加了密密的朱圈。这两句是：

> 不梭还自织，
> 非弹却成圆。

钱陈群说："诗也者，发于志而实感于物者也。咏物一体，穷物之情，尽物之态，诗学之要，莫先于咏物，然后因物赋兴、托物抒情……"他心里暗想："观此联，孺子可教也。"于是命李调元受业门下，授以作诗的方法、技巧。果然，"名下无虚士"。李调元经过老诗人的点化启沃，心领神会，诗文大有长进。

接驾的日期渐渐近了。江南老名士沈德潜也来到秀水。二老诗酒唱和，游宴于李化楠新建的园林里。

钱陈群写下了一首和沈德潜《山居杂吟》的诗：

> 吴下诗名大，声华圣主闻。
> 衔恩归故里，闭户阐微文。
> 每结樵渔侣，闲随湖海云。
> 石公山畔路，烟月欲平分。

李调元把这首好诗抄录下来。本欲与二老更多地盘桓请教，偏遇父亲调署平湖令，不久，因祖母逝世、父亲丁忧，李调元和父母亲便即速启程回川。

李化楠带着儿子来拜辞老师。钱陈群勉励李调元努力奋进，语重心长地说："尔是峨眉秀！"

李调元依依难舍地拜辞了老师。别了，风光旖旎的嘉兴；别了，人文荟萃的江南。两度南游，使李调元得与一代名儒交接，周览东南形胜和六朝金粉之区。"读万卷书，行万里路"，毫端蕴秀抒灵气，搜尽名山奇句出，这番阅历，对李调元的前行有着潜移默化的影响。

十三、书院凤鸣

从浙江秀水回川不久，李调元参加了乾隆二十四年（1759年）春天举行的"科考"。

按清制，任命的学政到省第一年为"岁考"，第二年为"科考"——凡府、州、县学之附生、增生、廪生皆须应考。"科考"是检查生员学业性质的考试，考在一等、二等及三等前十名的生员才允许参加乡试——考举人。

乾隆二十四年的科考试题有：四书文一篇、策论一道、五言八韵试帖诗一首、默经一段、默《圣谕广训》一二百字。李调元这次考得很满意，试毕回鹊鸰寺小住。一些乡亲慕名来求他的诗笺。他有一首《试毕仍归鹊鸰寺》：

> 归山重扫读书床，一路寒山木叶黄。
> 游浙有师皆老宿，归川无试不高庠。
> 扫窗已见蛛悬网，翻盎先看鼠自忙。
> 一秀才回诗已贵，吟笺才写被人藏。

这一任的四川学政是江苏溧阳人、进士出身的史贻谟，他阅完试卷，将李调元的卷子用朱笔批点为科考第一，并召集成都府、资州府、绵州的生员会聚训话。

史贻谟说："我来到四川两年多，今天才发现一个秀才。"边说边将李调元的试卷发给诸生公开传阅。"瞧，要像这样，才算好的文章，好的策论，好的诗句。"生员们起初还有些不服，以为是学政大人的偏爱，及至读了李调元的诗文，果见文采蔚然，识见甚高，便也心悦诚服了。

史贻谟讲完后，学道衙门的两廊下锣鼓敲响，笙箫齐奏。一个教官笑吟吟地拿起两支五寸长的红绒宫花，给李调元插在缀有银雀顶的帽子——"士人冠"上。四周响起热烈的掌声。李调元激动地拜谢，容光焕发。教官继续唱名……唱名完，按等级分别赏赐后，照惯例，李调元独自从中门出，其余一等、二等及三等前十名从两侧角门出，在喜乐吹奏下，送入坐落在南城的锦江书院——四川省的最高学府肄业，准备参加秋天举行的乡试。

这时担任锦江书院山长的是蜀中名儒高白云先生。学生中，初露头角的有罗江的李调元、崇庆（今崇州）的何明礼（字希颜）、成都的张翯（字鹤林）、内江的姜锡暇（字尔常）、中江的孟邵（字鹭洲）、汉州（今广汉）的张邦伸（字云谷）等，被称为"锦江六杰"。

书院讲学堂的院落里，有株干粗叶密的紫桐树，绿叶簇云，团如华盖。原来，自唐代以降，遍植紫桐是成都城的特色之一。唐代李德裕所作《画桐花凤扇赋》序中写过："成都夹岷江矶岸，多植紫桐，每至夏暮，有灵禽五色，小于玄鸟，来集桐花，以饮朝露。及花落则烟飞雨散，不知其所往。"

有天，一群桐花凤飞到锦江书院的紫桐树上，啾啾欢鸣。正在早读的生员们将目光从古书移向树间，只见枝头站着许多美丽的小鸟儿，羽毛异彩纷呈。生员们掰起指头一数，不多不少，恰好十八只。桐花凤见树下的人愈聚愈多，鸣啼一会儿，有四只领头先飞，余下的十四只相继振翅腾空，消逝在碧霄深处。

有凤来鸣，这在当时被看作很好的征兆。

这年秋闱，锦江书院的生员有十八名考中举人，李调元也在内，何希颜中了头名解元。山长高白云有诗咏及此事：

> 题名已应桐花凤，
> 几个先鸣上苑莺。

更巧的是，次年春京师会试时，在锦江书院新取的十八名举人中，恰好有三名进士及第，加上乾隆二十八年（1763年）科考及第的李调元，应了"四凤先飞"的吉兆。

乾隆二十五年（1760年）会试李调元没有考中。次年，以皇太后七旬万寿特开恩科取士，李调元中副榜。

副榜，科举考试中的一种附加榜示，亦称备榜，即于录取正卷之外，另取若干名之意。会试副榜始于明永乐四年（1406年），清初因之，中副榜者不能参加廷试，但下科仍可应会试；且咨文吏部授职出仕。康熙三年（1664年）起，不附正榜，另出一榜叫作"挑选誊录"。李调元被选充内阁中书、国子监学正，留在京师任职。"泉清莫恨出山迟"，李调元砥砺雄心，等待着下一届会试……

十载京华

　　"学而优则仕"，经过青少年时间的积淀，才华横溢
的李调元通过层层选拔，终踏入仕途，由儒生变为士大
夫，一心想把数载寒窗所习的正心、诚意、修身、齐家、
治国、平天下的学业，用诸仕途，施展才干，兼济天下。

一、夺魁与路遇

李调元来到冰封雪盖的北国。

那是乾隆二十四年（1759年）的严冬。虽然天寒，李调元年轻的心却是火热的。乡试高中后，他踌躇满志，切盼着春闱联捷。

关于李调元入京的史实，现有资料记载不多。可是，在四川民间却有种种有关李调元入京的传说。

传说中较为生动的是，"会馆夺魁"与"路遇刘举人"。

据说，李调元和入京的四川举子，投住京师宣武门附近新修缮的四川会馆。馆址原是明末秦良玉的府第，但于鼎革之际，秦宅饱经沧桑，楼馆残破，几欲坍塌，数年前，被四川京师同乡会接收来改建为四川会馆。经过工匠的培修，气象一新：复又楼阁崔巍，厅堂轩敞，雕梁画栋，飞翠流丹。

李调元一行到来之际，恰遇着会馆新成，在征集对联。因之，馆前聚集着许多四川籍京官、商人，同来观瞻和应征。可是，会首们有一件揪心的事：正厅廊柱上缺少一副压坐的好楹联——应征联语虽多，但均显平庸，未见出类拔萃的佳品。京师乃文人荟萃之地，各省会馆莫不在联语上争奇斗胜，显露文采，为乡土增色。对联是雅俗共赏、老幼咸宜的俗文学作品，好的对联要不了几天便会传遍北京，吸引许多人来观赏流连。对会馆，这是很风光的事。

李调元挤到贴征联草稿的墙壁前，看一副，摇摇头，看二副，叹叹气，或嫌气魄不足，或嫌文采欠佳。先还是低言细评，渐次就激昂起来，评头论足，旁若无人。

这血气方刚的青年人的疏狂，惹恼了几位小京官。其中一位蓄着八字胡的老者冷笑着问李调元："听你口气，目中无人，定然学富五车，才高八斗哟！说得好不如做得巧，这案上有现成的纸笔墨砚，请你一挥大笔，请呀。"

围观的人注视着李调元，心想："这一'军'，要'将'得你原形毕露。"

李调元淡淡一笑，走向书案，运笔濡墨间，触动灵机，文思泉涌，精骛八极，心游万仞，先写成上联：

　　此地可停骖，剪烛西窗，偶话故乡风景：剑阁雄，峨眉秀，巴山曲，锦水清涟，不尽名山大川都来眼底。

围观的人，目光随着李调元的笔移动，被引回到阔别经年的遥远的故乡，惹起深深的乡愁，又唤起对天府山水的深切怀念。人们禁不住啧啧称赞，低声叫好。

"写下联，快写下联。"李调元听到善意的、期待的催促。

钟灵毓秀的故乡，群星璀璨的蜀中先贤，浮现在李调元的脑际。但看他笔走龙蛇书下联：

　　入京思献策，扬鞭北道，难忘先哲典型：相如赋，太白诗，东坡文，升庵科第，行见佳人才子又到长安。

下联极写四川地灵人杰，人才辈出，复以"行见佳人才子又到长安"作结，表明巴蜀文化后继有人，涌来京师献策，要在文坛和科第上占领一席之地。婉约的情思，打动了周围的人，包括那几位小京官。人们异口同声地叫起好来。

会首舒开紧蹙的眉，欢呼道："这副对联中奖了。"于是，执事们捧出彩缎和纹银，奖励这个英俊青年。

几位老者鼓励李调元："今天你在会馆夺魁，来春会试，定会出人头地。"

我们再来看一下"路遇刘举人"的传说——

李调元会馆夺魁后，仍发奋攻读，冬去春来，已届考试前夕。

在一片赞誉声中，年轻的李调元不禁飘飘然起来，自以为平地春雷，必将鱼跃龙门，名登金榜之首。

阳春三月的一天下午，同乡们为四川举子祝酒，祝他们今科高中，对李调元更是勉慰有加，频频敬上状元红美酒取个吉利。

李调元喝醉了，云里雾里，目空一切。酒阑人散，已是傍晚。归途中，他叫书童朱贵在灯烛铺里买了个灯笼，且专挑那书有"状元及第"四字的灯笼——这是店家迎合各省举子而特制的，价钱昂贵。醇谨的举子，多不敢购买；狂放的举子，则借此招摇过市。若有两人都举此灯笼，相互路遇，必有一番责难。

李调元醉游京城，时值华灯初放，街上人如潮涌，尤以各省举人为多。人们争看自命不凡的、书童持着"状元及第"灯笼引路的李调元。来到珠市街口，迎面又来了一个狂放的举子，他的书童也打着"状元及第"的灯笼。

状元只有一个，一林不藏二虎。

来人操着江南口音，厉声责问："尔是何人，敢用此灯？"这举人也只有二十多岁，走路偏偏倒倒，满口酒气。

"这灯，你用得，我也用得。"

看热闹的人愈围愈多。

"快快通上姓名。你敢与我论文属对否？"

"论文属对，这有何难。问我姓氏，你听：骑犀牛，过函谷，老子李。"李调元先发制人，借通姓氏的机会，用李老君的典故，出了上联，自称老子，自以为占了便宜。

围观者哄然大笑，都以为对方要被难住。

江南举子祖宗有灵，亦有现成典故。但见他傲然睨视人群，朗声对就下联："斩白蛇，起大泽，高祖刘。"

晦气，偏遇着刘邦的后代。李调元自知遇见高手，当即把灯笼扯了，让在道旁，讨了个没趣，遇上了对头。他感到此科恐要栽倒在刘举人手下。

考试的结果，姓刘的江南才子、李调元和另外一位贡士同时进入了前三名。

于是，由皇帝御试，决定谁为状元、榜眼、探花。

御试于深更半夜在保和殿举行。乾隆皇帝出的试题是一副绝联的上联：半夜二更半。

首尾两个半字，一夜五更，半夜恰好是二更半——嵌有巧妙的数字游戏。

李调元原本想到了下联，已写在纸上，侧目见刘举人仍在苦思中，不免有自得之色，挑衅地瞥了对头一眼。凑巧与刘举人目光相遇。刘举人额上汗流，心内一悸。经这一激，却将刘举人灵感激起，挥笔书就下联，先呈御案。李调元一时轻敌，第二个交卷。

乾隆皇帝将二人的卷纸一看，所撰一模一样——因为是"绝对"，只有"中秋八月中"作为下联，才工稳熨帖：中秋，八月十五日；十五居每月之中间。而且，中对半，天衣无缝。

因为刘举人先交卷钦点状元及第，李调元屈居第二名榜眼。

后面一个传说，含有对恃才傲物者的警诫，思想意义是积极的，但它的真实性却有问题。

首先，李调元并未中过第二名榜眼，他科考成绩最好的是癸未科会试第二名。按清制，会试之后要殿试第一甲第二名方称榜眼。

其次，殿试题系出策论和试帖诗，不会单单只出对联。以对联作考试题，恰是民间传说的特点。

再次，李调元一共参加了三次会试，即乾隆二十五年（1760年）庚辰科、乾隆二十六年（1761年）万寿恩科和乾隆二十八年（1763年）癸未科。这三科的状元、榜眼、探花和传胪（二甲进士第一名俗称传胪）、会元（会试第一名）都没有自称"高祖之后"的刘姓者。

试查上述三科殿试、会试首选姓名如次：

庚辰科，状元毕沅（江苏）、榜眼诸重光（浙江）、探花王文治（江苏），传胪曹文埴（安徽），会元王中孚（山东）；

辛巳科，状元王杰（陕西）、榜眼胡高望（浙江）、探花赵翼（江苏），传胪蒋雍植（安徽），会元陈步瀛（江苏）；

癸未科，状元秦大成（江苏）、榜眼沈初（浙江）、探花韦谦恒（安徽），传胪董诰（浙江），会元孙效曾（浙江）。

　　综上所述，"会馆夺魁"当系李调元逸事，而"路遇刘举人"缺乏史实依据，乃是作为谈资的穿凿附会的传说。

　　李调元参加会试的情况，将在下一节里作介绍。

二、献策彤庭答拜歌

乾隆二十五年（1760年）庚辰科，李调元首试不利。次年，巧逢万寿恩科，李调元仍未中试，但是名列"挑选誊录"榜上。以此，李调元在京师做了两年职司缮写的中书，得与毕秋帆、祝芷塘、王梦楼、赵瓯北、程鱼门诸名士交游，诗酒唱和，学问大增。

乾隆二十八年（1763年），李调元二十九岁，再一次参加会试。这次的策论题是《德胜其气性命于德论》，试帖诗题为《从善如登》。

调元诗中有"景行瞻泰岳，学步笑邯郸"之句，为会试副总裁赏识，欲列为第一。总裁秦蕙田说"此卷才气纵横，魁墨，非元墨也"。意为这卷子是头等笔墨，但仍不是点会元的笔墨，遂置为会试第二名。

会试是二月份举行，放榜在四月十五日以前。以时令而言，称为杏榜；以甲第而言，称为甲榜、甲科。张榜于礼部，用礼部印玺。中试者称为贡士，第一名称为会元。

贡士们还要参加殿试，殿试后才决定一甲、二甲、三甲进士的名次。乾隆二十六年（1761年）规定：每科于四月二十一日殿试，二十五日传胪。

四月二十一日清晨，李调元随新贡士们着袍服冠靴来到太和殿外的丹墀排立。按中试的名次，单名站东边，双名站西边。李调元会试第二名，属双，站在西边的最前列，他心里无比激动。

这时，金殿之上，鸦雀无声，一派肃穆。王公百官身着补服，翎顶辉煌，分立殿内外。

少顷，响御鞭，奏中和韶乐，在法驾卤簿的簇拥下，乾隆皇帝升殿。大学士就殿内黄案上捧策题交给礼部尚书，礼部尚书将试题置丹墀黄案上，读卷执事各官及贡士行礼。礼部官分散题纸，贡士跪受，乃就殿内试桌盘膝以写作。

贡士们虽是第一次接过殿试试卷，但早对试卷格式了如指掌。李调元按格式填写了履历三代，然后按题作文，起用"臣对臣闻"，收用"臣末学新进，罔识忌讳，干冒宸严，不胜战栗陨越之至。臣谨对"云云。

殿试读卷官自乾隆二十五年（1760年）起只用八人，由大学士二人、部院大臣六人组成。读卷官阅卷后排定名次，于四月二十四前呈十本试卷。皇帝阅卷毕，于前十本中钦定名次，召读卷官进殿，拆去弥封，露出贡士姓名，即于御前用朱笔填写一甲三名次序，二甲七名亦钦定之。其十名以外之卷，由读卷官随至内阁拆弥封，定第三甲名次。按排定次序，填写的榜文，谓之金榜。

李调元这次考中第二甲第十一名。

四月二十五日在太和殿传胪。帝御坐，鸣鞭，奏乐，鸿胪官引新进士就位，宣制：乾隆二十八年四月二十五日策试天下贡士，第一甲赐进士及第，第二甲赐进士出身，第三甲赐同进士出身。传胪官按名次唱名。全部进士唱名毕，乐作，行三跪九叩礼。礼成，皇帝乘舆还宫。

随后，礼部尚书奉黄榜承以云盘置彩亭内，在礼乐声中，由校尉举亭，送出太和中门，至东长安街张挂。

殿试传胪后三日，还要在保和殿举行进士朝考，其前列者，选为翰林院庶吉士，等第次者分别为主事、中书、知县三项。李调元在朝考中入选为庶吉士。

清制于翰林院内特设教习馆，亦名庶常馆，派大小教习教导之：由内务府颁发经史诗文，户部月给廪饩，工部供应杂物，使庶吉士肄业其中。因之，翰林院为"储才之重地"，"地居清要"，举国学子莫不以成进士点翰林为至荣。

李调元入选后，曾以欣喜的心情写就一首《蒙恩典翰林院庶吉士恭纪》：

领髭敢诩掇巍科，献策彤庭答拜歌。

两载抽毫趋凤阁，一朝曳裾上鸾坡。

散班玉笋青衫少，仙侣金华黑发多。

盛代崇文真忝窃，小臣报称应如何？

"两载抽毫趋凤阁"是叙述他自乾隆二十六年（1761年）至今做了两年中书，誊录过多卷史籍，而现在终于进入翰林院（鸾坡），实现了夙愿。

从此，李调元得有机会读到许多天府秘籍，他废寝忘食地誊录了许多珍贵资料，为他后来编刻《函海》打下了基础。

定制庶吉士肄业以三年为期，期满在保和殿考试，谓之散馆。试题为一赋一诗，钦派阅卷大臣评定一、二、三等。文理优者留馆，二甲授翰林院编修，三甲授翰林院检讨。其余改用部属与知县。李调元这次考得不大好，以二甲进士却未能授翰林院编修，被分发至吏部任考功司主事。主事为部的属官之一，正六品，主掌文案章奏。吏部当时的班次居六部之上，"各司郎官，非科甲出身者，不得注授"。

李调元意识到肩负的责任，他决心"立朝以直"，做一个清白的廉吏。

三、释褐述志

清代考中进士者，还要在五月一日去孔庙举行"释褐礼"。

褐，兽毛或粗麻制成的短衣，古时贫贱之人的衣服。释褐，即脱去蓝衫换紫袍，学而优则仕。

至期，国子监预备花红、香烛、酒果；晨早，状元率领全体进士，由集贤门入持敬门，向先师孔子行礼，礼毕释褐——脱去布衣，换上官服。

这不是简单地换一换衣服，而是意味着由学而仕，由儒生变为士大夫，要把数年寒窗所习的正心、诚意、修身、齐家、治国、平天下的学业，用诸仕途，在实践中实展才干，忠君爱国，兼济天下。

穿上朝服，仕途生涯开始了。这一天，进士们有很多感触，都要思索今后怎样为官临民，霖雨天下。

这一天，李调元想起祖父多年前对出仕的父亲的一段嘱咐："好官必以清为主。我虽老，粗衣淡饭，尚不自缺，无需禄养；而其勤劳王事，毋玷清白。"这是家教，也代表蜀中父老对子弟们的殷切期望：要珍惜荣誉，不贪不义之财。

李调元牢记着"立身正直，毋玷清白"。他曾赋诗抒怀："人比晚菊霜能傲，诗似寒梅雪妒清。"

这段时期，李调元和翰林院相好的同年交游，忧乐天下，察觉到"盛世衰音"的出现：

皇帝巡视南方、营造宫室、穷兵黩武，使得民财消耗，府库空虚。权贵敛财，惶惶若不及。深为皇家宠信的大臣和珅"贪黩无厌"，招贿纳奸，还在京师经营高利贷，"以首辅大臣，下与小民争利"——后来和珅抄家时，其家产折合白银约八亿两。

土地兼并，民食艰难。李调元亲眼见到，当春畿辅受灾，饥民多就食京师，五城设饭厂施粥，粥少饥民多。李调元记得，本朝名士郑板桥在范县为官时，在一篇书信中提到本族一家的生活："可怜我东门人，取鱼捞虾，撑船结网；破屋中吃秕糠，啜麦粥，搴取荇叶蕴头蒋角煮之，旁贴荞麦锅饼，便是美食，幼儿女争吵。每一念及，真含泪欲落也。"

李调元生活在这样一个历史时期。从"释褐"之日起，不得不时刻考虑自己今后的生活道路，是激浊扬清，力抗邪恶呢？或是曳尾陋室，独善其身呢？抑或与世浮沉，委侍权门呢？

要知，社会是一个大染缸啊！

在这样的纷思起伏之后，为了述志，兼以自励，李调元写下了著名的《指佞草赋》，其中写道：

禀介节而含芳，抱清标而自矢。……孤心向日，侔葵霍之倾诚；劲气凌云，鄙蘼芜之菱靡。……喜棘槐之共砌，班列螭头；羞萧艾之同行，锄宜鸦嘴。惯经雨打，弱不须扶；便遇霜欺，柔亦能胜。

翰林虽是文学侍从之臣，但是"位卑未敢忘忧国"啊！

在此赋中，李调元表达了自己强烈的爱憎，对宵小之辈，金刚怒目；自誓要像指佞草那样，忠贞亮节，立身庙廊之上，高大其志趣，做治世之良臣。

在另一篇《君相论》中，李调元批评历史上的管仲，"失在尽民之利以私国也"，未能藏富于民；而腹削小民的结果，国富是暂时的、虚假的。

李调元锐敏地指出："相无私则忠，君无私则圣，私者，万民之怨也。桓公固不得为圣，实管仲生前之政有以教之私也……君相者，持天下之平，亦丛天下之怨者也，吁，可畏也。"

以权谋私，上行下效，而贪风日炽，小民日贫，齐国岂能长期称强？李调元借论齐桓、管仲之机，讽谏当今的君相，敢捋虎须，进忠言，其思想胆识确有过人之处。

"诗人例穷蹇，蜀士多坎坷"。佞臣得势、宵小立朝的世道，岂能容得下傲骨嶙峋、不肯媚世苟合的李调元。

李调元的运途遭际，势将同乡贤李白、苏轼、杨慎一样，功名淹滞，潦倒荒徼。"草笠布衣，日厕田夫野老之列"。然而他清醒地意识到，文章恒以逆而成，"盖境顺则气顺，奇峭之思无由振刷以出"，"水之就下，势则然也。风挠之，石梓之，回曲而纹生，激荡而澜汛，其蹙缩复迭，必有奇峰峭岫出乎其间，是殆文章之象也"。

造物者所以忌之，亦所以成之者欤！

四、诗酒看云楼

李调元迁进新居，心情舒畅地诵出两句诗来：

> 信是迁乔出谷幽，
> 林旷胜处价难酬。

自从李调元钦点翰林院庶吉士，便住在宣武门东的官房里。居室狭窄，长日寡欢，加上两岁的小儿子汪官又夭折，他和妻子胡氏常常以泪洗面。他多想另觅新居，换换环境哟。

乾隆三十年（1765年），邻近北城的梁家园瓦砾场上，修了一座官房。由于地势稍低，因势筑楼三楹——当时京师一般住房未有修楼的，这小楼分给中书舍人毛应藻居住。李调元朝夕过其下，很是艳羡，叹道："恨不作元龙，高卧其间。"

第二年，毛应藻授湖南沅陵县令。他和李调元有世谊，过从甚密，深知李调元喜欢楼居，便将其转让给李调元——换一个新住宅，兴许会减少老朋友失子的哀痛。

李调元喜出望外，连忙雇工筑围墙，安栏杆，置扶梯。夫妻俩迁入楼上居住。

经过整治，室内窗明几净。当中长桌上置一炉，时时燃著香，壁上悬唐宋字画数幅。文房四宝、琴剑古玩俱全。李调元悬额，名之曰"看云楼"。

每逢暇时，邀约三五好友，或吟诗，或敲棋，或饮酒，真是"谈笑有鸿儒，往来无白丁"。

乾隆三十一年（1766年），一个秋高气爽的佳日，看云楼上会聚了李调元的三个同年好友，当时颇有名望的文士：江西铅山的蒋士铨（1725—1785），字清容；常州府阳湖（今江苏常州）的赵翼（1727—1814），字云崧；安徽桐城姚鼐（1732—1815），字姬传。

以年龄而论，三位都比李调元略长几岁，但彼此之间，"同声相应、同气相求"，且又是以文会友，灵犀相通。李调元闻听仆人通传贵客来到，匆匆下楼，倒屣相迎。

主客登楼，打开四面轩窗。由前面观，则积水成湖，渺渺碧波，如在潇湘芦苇间；向后面看去，则西山爽气，如翠如螺，扑人眉宇，无不萃于斯楼。

赵翼看楼柱之上题有楹联，上书：

城外远山如岫列，

楼前积水当湖看。

"年兄卧此高楼，当更添文兴矣。"

"愿诸兄时常驾临，唱酬往复，使调元得附谱末，小楼亦蓬荜生辉也。"主人谦让道。

正沉溺于戏曲，编写传奇剧本的蒋士铨风趣地说："时常驾临？那可不容易了。探花赵翼年兄，要出任镇安知府，云程展翼，海阔天空了。姚鼐年兄，亦要择日南归——看来，桐城派文章要当以姚年兄为宗哩！"拙于言辞的姚鼐嘿嘿干笑了几声，想到离别，嗓子眼便堵住了。赵翼与李调元亦为行将分别而黯然相对。

李夫人胡氏出堂来，打破了沉寂的气氛。她指挥婢女凤仙为客人倒茶，客气地邀请客人落座。她自丧子之后，面带病容，气色不好，而且脚踝痛，走路不便。

还是蒋士铨乐呵呵地说:"李夫人乔迁之喜,今天倒要叨扰府上的'剑南春'。还有,府君大人的《醒园录》是很有名的,风鸡鹅鸭法、醉螃蟹法、蒸西洋糕法……应有尽有,今儿倒要一饱口福,来一个不醉不归。"李夫人笑着往厨房张罗去了。少时,摆上酒菜,四位诗人围桌边饮边谈。

酒逢知己,话语投机。他们不免议及朝政,全都敏锐地察觉到盛世出现了衰微的征兆——乾隆皇帝即位初期,国库丰盈,贮存库银常达七八千万两。但因连年用兵,耗费甚巨,修河工程每年浮开虚报,官吏层层中饱;朝廷上,和珅专权,吏风日坏……耳酣面热之际,言辞愈见愤激,不免怨谤起来。四人之中,蒋士铨比较清醒,他把话题逐渐转移到眼前的分别上来:赵翼要去做知府的镇安,在广西极西处,与云南土富州和安南接壤。大家把从听闻里知道的镇安风情,相互补充。听说那儿崇山密箐,颇多瘴疠,又多虎豹猿猴,想到以探花赵翼之才,不能立身庙廊,竟放官万里荒域,形同流放,大家不免同病相怜,伤感于未来宦海的风波。

蒋士铨见气氛沉郁,深恐别筵上落个不欢而散,便照往日惯例,索取笔墨题诗,以志此会。不过,他提出约法三章,今日席前不作儿女离别伤怀之作,亦不作愤世嫉俗的感赋。各择自己往日得意的旧作,专写性灵、旅途风光的,书留看云楼壁上,方不负此湖光山色。

姚鼐在宴集游乐时最喜欢附和蒋士铨,他春间过安徽池州(州治在今贵池)时写有一首得意的七绝——《出池州》,当下只见他运毫濡墨,先书写于壁上:

桃花雾绕碧溪头,
春水才通杨叶洲。
四面青山花万点,
缓风摇橹出池州。

姚鼐本是以古文见长,这首诗却清新可爱。蒋士铨受他的启发,想起前不久自己从南京回江西途经安徽时远望长江及皖公山,有感于南唐亡国之事,曾以《极目》为题的咏吟:

江山奇胜总偏安，

天堑茫茫固守难。

史册事随春梦过，

皖公青入酒杯间。

刚刚落笔，姚鼐和李调元齐声赞好。"'史册事随春梦过，皖公青入酒杯间'，一跃千载，既达观又灵巧。既是性灵之作，又有横出锐入的骨力。"李调元仔细鉴赏道。

这时，赵翼还沉浸在广西镇安艰难旅途的想象之中。一首记述往昔逆旅生活的小诗，涌至他的笔下：

茅店荒鸡叫可憎，

起来半醒半懵腾。

分明一段劳人画，

马啮残刍鼠瞰灯。

写罢这首《晓起》之后，赵翼技痒起来，他笑着打趣道："喝了主人的'剑南春'，吃了主人的醒园名菜。该调元写的那首诗，我一并与他代劳——刚才来看云楼途中，我吟得一首新作。咱们不能一味炒陈饭哪。"于是写下这首《野步》：

峭寒催换木棉裘，

倚杖郊原作近游。

最是秋风管闲事，

红他枫叶白人头。

"好一个'红他枫叶白人头'，俊语如珠呀。"三人齐声叫绝。

彩云易散，佳会难续，这四位老朋友从此劳燕东西，再没有宴集一堂的机会了。"虽踪迹或有时问,而音容不可复接"。

三十多年后,李调元归隐罗江,忽接得七十多岁的赵翼的书信。信中热情洋溢地写道:

　　同年至好,一别三十余年,万里相望,无由通问。回忆春明微逐,诗酒流连。此景何可再得也。忽从姚姬传处,递到《雨村诗话》一部,载拙作独多。翻阅之余,感愧交并,知足下之爱我有癖嗜也……

读着来信,李调元感激好友的牵挂;忆旧怀人,不禁愀怆泪下,感慨系之:"啊,人生!……"

五、怒斥宦官

　　"幽居御苑的白鹭啊，怎能够回返到春水绿波的故园呢？"手捧着朱印密封的黄绫包袱，徘徊在紫禁城乾清宫宫墙外的李调元，望着在御苑上空盘旋的白鹭，联想到出仕以来的遭际，深有所感地低语着。

　　太阳升高了。北京的五月，站立在阳光下曝晒，原是很燠热的；何况李调元头戴砗磲（清代六品官帽用为顶珠）顶子的纬帽，身穿前后绣鹭鸶的六品文官补服，直热得汗流浃背。可他等候的宫门值班太监高云丛还不见踪影。他在一阵烦躁之后领悟了：这是阉宦恶奴仗势欺人！这是高云丛蓄意报复的恶作剧！

　　乾隆三十一年（1766年），翰林院庶吉士散馆（结业）后，李调元被任命为吏部考功司主事。当时朝廷的制度是：吏部每半月向皇帝递呈一次交查簿，簿下登记朝廷内外官员提升、降级、调职、告假等档案材料，报请皇帝裁决。

　　交查簿共有两本，一进一出，又名循环簿，用黄绫包好，钤印密封。每月初一送至乾清宫右门，交给宫内的主管太监，并换回前十五日呈递的交查簿，如此循环。

　　乾隆三十二年（1767年）夏季轮到李调元值班，一位深通世故的同僚私下提醒他："你新来乍到，快给太监送一份见面礼，也好求得关照。按已经形成的惯例，准备雪花银四两、荷包一匣、笺对一副。……"李调元听后一怔。这个刚从古朴的四川农村来京的读书人，平素间洁身自爱，对蝇营狗苟、尔虞我诈的官场陋习是很厌恶的。

"送礼？这不是变法儿行贿吗？立身朝廊，理当堂堂正正，公事公办嘛。朝廷早有规定：士大夫不得与宫廷内侍交结啊！"

出仕以来，目睹官场里一些腐败现象，李调元时常感到失望和烦闷。身在帝都，而志存山林，时常怀念四川罗纹江畔的故乡，云龙山下的田园。昨夜酒醉，他仿佛跨乘白鹭，飞离禁囿，翱翔在巴山蜀水间。峨眉凝碧，锦江若带……久违了，可爱的家乡，游子归来了！他正要扑向大自然的怀抱……可是五凤楼上紫阳钟敲、朝王鼓响，惊破他绿色的梦。

李调元跌落在现实的世网尘罗中，唯剩下一缕诗情，萦回脑际，他口占一绝：

> 烦恼诗人五月天，
> 长安买醉日高眠。
> 不须怪我朝参懒，
> 梦里醒园在枕边。

在这样的心境下，李调元随班入朝。散朝后，他捧着黄绫包袱来到乾清宫外，却遭到太监的作弄，心里窝满了火。

值班太监高云丛是乾隆时期颇想弄权的阉宦。对这个利禄熏心的丑类，朝中一些官吏却曲意巴结，因为他能暗中透露一些主子爷的心思和宫里的信息。这样一来，更助长了他的气焰。他见新任的吏部主事李调元不来巴结、送礼，胆敢貌视常规，心里很不是滋味，琢磨着怎样惩治一下这个不知趣的小官。

高云丛这次整人的法儿是"捉迷藏"——李调元在中左门等，他却溜向中右门玩；李调元往中右门来寻，他又闪回中左门去。磨磨蹭蹭，一直到半下午，捉弄得李调元汗流浃背，腰酸腿疼，既不能回走，又不能擅闯宫门，交不了差还得受罚，又急又气。高云丛见状好不惬意。

拿捏够了，高云丛才由房里走了出来，劈头盖脸地训斥李调元，簿册送来迟了，耽误了交接，貌视王章，该当何罪？说得唾沫横飞、振振有词。真是猪八戒过火焰山——倒打一耙。

李调元说自己从上午等到下午，有宫门侍卫做证，并一针见血地指出，这是他索贿不得，故意刁难。

高云丛理屈词穷，恼羞成怒，便用流氓口吻谩骂道："你芝麻大个小官，混账……"

"士可杀而不可辱！勿论官职大小，我总是朝廷命官，进士出身。你乃是皇室家奴，怎敢辱骂朝臣？"李调元义愤填膺，毅然将簿册放在玉阶上，挽起袍袖，一把扭住高云丛，顾不得文武官员不准擅闯宫门的禁令，径直往宫里走。他边走边呼："我要冒死入宫，见皇上评理！"

恰好这时走来一群中下级文武官员，平常深受宦官欺侮，敢怒而不敢言，此时见李调元仗义执言，拼命硬抗，都为他的一腔正气所鼓舞，纷纷围拢过来，一齐呐喊助威："见皇上评理去！走啊，我们都去面圣，为李主事做证人。"

这样一来，慌了宫门里一伙太监。和尚不亲帽儿亲。他们生怕事情闹大，捅出娄子来，连累自己，把另外一些违法事儿抖了出来，惹火烧身。太监们伸长脖子，用阉鸡般阴阳怪气的嗓音，连忙把高云丛连劝带喝地拉走。高云丛是个欺软怕硬的小人，见一群官员站在李调元一边，众怒难犯，先自怯场了。太监们一劝，他也就乘机溜走了。

亏了李调元带头一闹，乾清门头等侍卫暗中将高云丛索贿的事情密报给了乾隆皇帝。接着又查出高云丛泄露密旨、交结外臣、干预政务的罪行。

乾隆皇帝闻报，大为震怒。原来，清朝开国伊始，世祖有鉴于明代阉祸，造成大权旁落，国运衰微，特铸铁牌于交泰殿，严禁宦官干政，规定宦官官阶不得过四品，并对宦官严于督查。乾隆皇帝为了凛遵祖宗家法、为了社稷的长治久安，决心杀一儆百，将高云丛逮捕审讯后处死——这是清朝开国以来罕见的事件。与此同时，李调元刚正不阿、怒斥宦官的事迹也在京城传开了。

六、亡父

乾隆三十四年（1769年），李化楠溘然长逝。李调元从北京赶到密云县父亲的任所发丧。

父子俩仅仅相别才不多几天。父亲那天还满面红光地来到看云楼，哦，这面红颜赤，现在想来即是病兆啊！那天见面，父亲说他常感心悸、怔忡，李调元忙在京城德仁堂为他买了上等人参之类药材，目送他上车回顺天府北路同知的任所密云县城。

不承想，这竟成了永诀。

父亲的死，是积劳成疾；父亲的死，是被一件要案牵连，为忧患煎逼所至。

这一案件，扑朔迷离，涉及官场黑幕。乾隆三十三年（1768年），李化楠实授顺天府北路厅同知，委修平谷县城。据李调元《童山自记》称：

> 时所属密云县知县任宝坊贪婪不饬，勒索盐当各商银两。先君访闻，禀请上宪提参，已成定谳矣。冬十二月，忽上宪提审，宝坊翻供。先君闻信，即日奔赴保省同审。时臬司周元理、保定府知府吴肇基、冀州知州单功擢，与任有姻谊，皆右袒任，先君力争不能。旋奉文至蓟，勘估盘山庙工。途次良乡，思众怒难犯，遂具禀检举。勘工毕，至京。先君以任事告余，余以检举反形游移，不如仍前议为是，先君亦以为

然。是夜，先君苦病怔忡，索酒尽五斗不醉，先君谓余曰："我旧有痰疾，曾在余姚县发过，有名医以牛黄散服之而愈。今因任案，颠倒不寐，得毋旧疾复发乎？"余面禀明日且勿去，先君不肯。余又以必须带人参在身备用，先君首肯。次晨余赴参铺亲备，及回，则先君先已上马赴省去矣。闻家丁言，上马时辄左右顾问："汝大相公何处去？"盖忘予买参之言也。心甚悬念，差家丁买参至省，而余刻刻愁闷，终日坐卧不宁，时二十一日也。二十七日，忽清苑差人来京递信，言先君于二十六日早用佩刀自戕右脖。余闻之，魂飞天外，即驾车兼程日行三百里赶至白河，次日黎明至省金线胡同客店，而先君已于二十九日逝矣。

痰从口出，下体犹温。呜呼，痛哉！谁逼之使然耶？号啕大恸，哭毕，询之左右，言各宪皆好见，惟臬司周元理不见。戕后，用铁箍散，及苏，并写禀上宪，陈明旧有痰疾，因承办事多复发之故。即随取阅，先君亲笔也。时总督杨廷璋，即在浙保举先君堪胜知府恩宪也，闻之甚怒，意布政使观音保素性急，必有威逼事，令保定分府秦学溥来言，教余拼观，以便办理，参治其罪。其实观素待先君厚，先君曾有疾，以参给之。余不肯随，以周臬对。而周又为杨所喜，无以泄忿，遂将首府吴肇基以承审案件抛延为辞，特参革职，发军台效力。而以先君痰疾发上闻，寝其事。呜呼，痛哉！不因先君亲笔认病，则不共戴天之义俱在，胡肯甘也。

由于有着难言之隐，所以李调元在《石亭府君李化楠行述》中只能把死因归于疾病，"呜呼，孰知二十七日于保定府旧病忽发，痰气上逆，竟致不救。相隔才两日，遽成永诀哉"。

夜深人静，守在灵前的李调元，缅怀着父亲李化楠的一生——清白为官、教子成才的李化楠亦是蜀中值得记述的先贤。

李化楠六岁发蒙，喜读"经书"。《诗》《书》《礼》《易》《春秋》为儒家经典，明清科举乡试每经各取一名为首，称五经魁。李化楠虽好学，但家庭只是自耕而食的农户，且他在三弟兄中居长，农活得比弟弟们多干。他只能在劳作的空隙，爱惜每寸光阴，背诵功课。

由于李化楠刻苦自励，年未弱冠，他便考上了罗江县学生员。罗江知县王坦斋赏识这个年轻人，礼聘他到县衙内教子王铖读书。同时王知县又指导李化楠读史写诗。

李化楠把知遇之感化为潜心自学的动力，发奋攻读。二十八岁时，考中乾隆六年（1741年）辛酉科举人，次年，联捷壬戌科进士。

出仕后，曾任浙江余姚、平湖县令。李化楠自幼濡染了儒家仁者爱人的思想，面对民间疾苦曾咏诗明志："为民请命牧民事"，"抚之不暇安忍笞"，"薄俸不足起众疾，何以面对老群黎"。

李化楠一面救荒赈灾，一面筑堤坝防海潮，力纾民困。由于灾荒，邑多流民，"赋重民顽"，出现一些偷盗行劫者。为了化莠为良，他在余姚创设"枉生所"、在平湖建"自新所"，将流浪者组织起来，教以谋生的技艺；并且"自捐俸钞，借以口粮，使城中坊铺有职业人如梓匠、饼师之类"为流民师傅，授以劳作自立的手艺。

李化楠常说："做官有六字诀，即眼到、心到、身到。"躬亲理事，可免胥吏营私舞弊。他身体健壮，惯习劳苦。遇有紧急公务，"虽阔渡深淖必策马先涉之"。

在平湖县任职时，由于前任知县七年高卧，荒怠政务，一应词案，积至三千多件，百姓怨苦。李化楠到任后，黎明坐堂，三鼓方罢，每天三顿饭只得在公堂上吃；并允许民众来看审理积案，每天来旁观者在千人以上。两个月废寝忘食的努力，将积案清理完毕，秉公直断，民皆称快，以至于当地流传着两句生动的歌谣："七年如云烟，两月见青天。"

以后，李化楠调任顺天府北路同知，到京郊密云任职，差事更繁重、更棘手。

乾隆三十三年（1768年）秋天，皇帝以"习武靖远"为目的的木兰秋狝启程了。

"木兰"系满语"哨鹿"之意。每年秋分后皇帝要到承德避暑山庄以北周长一千三百余里的木兰围场（今河北围场县境）狩鹿。至时，先由卫士披着鹿皮，顶着鹿角，吹响长哨，模仿公鹿的叫声，吸引求偶的母鹿到来，由皇帝举枪击毙之……当时，由北京到木兰围场，沿途设立多处行宫。地方官员、里甲要准备迎驾、接待、警卫的工作，名曰"办大差"。李化楠在密云境内承担这个任务。恰在他的属下，出现了一起逆天大祸的"剪发案"：某员弁的辫子在圣驾到来之前忽被剪掉了。

清代男子顶上留辫，只剃去天灵盖上一区头发，方算顺民。割辫，迹同叛道，当时民间秘密抗清组织，即有割辫烧灰，和入酒中，共饮盟誓的做法。而这次，在圣驾莅临的警戒区，众目睽睽之下，竟出现如此逆案，官员们无不胆战心惊。

李化楠奉命审理此案，查明某员弁的辫子确非自剪，而是夜间被人剪掉。作案者借以制造混乱。该员弁横遭诬陷，有口难辩。李化楠一面派人侦缉真正的罪犯，一面整理案卷，准备上报。这时心急火燎一般，随圣驾莅临的军机大臣已派笔帖式（司文书的属吏）来提取罪犯，拟定绞决。

李化楠忧心如焚，他怎能草菅人命，冤杀无辜？但是，小小芝麻官又怎能对抗军机大臣？他只好向笔帖式说明事有可疑之处，请求宽限期限。但军机大臣不允，责备他"勒犯不发"，请旨查处他。

幸好护驾的大学士忠勇公傅桓了解实情后据实上奏，乾隆皇帝才降旨"李化楠仍回原任"。

不久，李化楠将真正的罪犯捕获，剪发一案水落石出。乾隆皇帝回銮时笑对左右说李化楠这人"会办事"，"可谓强项矣"。

但这次"办大差"使李化楠备受煎逼、身心交瘁，他一病不起了。

……

午夜沉寂，絮雪无声地飘落着。李调元的思绪像雪花一样迷蒙、纷乱。他怀念着父亲，回想着父亲的生活轨迹。他要像父亲一样，做一个正直的人，继承父亲的遗志。从这天起，李调元开始了二十七个月的"丁忧"（父母之丧，子女居家守丧三年，实为二十七个月）。

七、四尊铁炮

顺天府，明永乐年间设置，治所在大兴、宛平二县（今属北京）。辖境相当于今河北长城以南，遵化、丰南以西，拒马河、大清河、海河以北的地区。

乾隆三十三年（1768年），李化楠调任顺天府北路同知，并委修平谷县城。不料于冬十一月二十九日死于保定。

李调元自北京飞车赴当时河北省治所在地保定，"守制开吊，自藩臬以下皆来祭。余以平谷城工、密云县两处交代未楚，令弟谭元扶柩送母吴太恭人先回。余往平谷住张宅，即先君筑城时公厅也"。李调元在平谷、密云办理善后将及一年。

平谷在北京东北部，位于蓟运河上游，燕山南麓，扼山控水，为北京北部门户，是通向清朝皇室的发祥地白山黑水的咽喉重镇。在崇祯朝抵御清军八旗屡次越长城、犯京师的战斗中，平谷均是战略要地。

明军在平谷驻有重兵防守，并配备有威慑力很大的铁炮。具有讽刺意味的是，这些大炮并没有使用过。八旗兵奇袭京郊时，明朝的文武大臣们早已闻风逃窜。李调元在平谷亲见了四尊铁炮，每炮长五尺，直径一尺。当年它们分镇于城楼上，后因年久城圮，被寄放在古寺中。

李调元擦掉炮身上的铁锈，看见其上镌刻有文字："御马太监杜勋及蓟辽总督吴阿衡、顺天巡抚陈祖苞监制，崇祯十年十月造。"睹物思人，借物思怀，李调元写了一首《崇祯铁炮歌》来记叙这件事。下面这段叙述平谷要塞的位置、高耸的城楼及四炮的熔铸过程：

> 渔阳古郡扼要地，箕尾分野析木次。
> 何年突起百雉墉，重楼直跨飞鸟背。
> ……
> 扪寻竟日手生棱，黑花镌出崇祯字。
> 监造旁纪吴与陈，大珰杜勋董其事。

接着，这首长歌描写战乱频仍的年代：

> 烽火如麻十七年，宵旰频忧九重帝。
> ……
> 黄巢血已染长安，解甲纷纷各归第。
> 反作缒城说降客，我曹原为富贵计。
> 可怜无阙一金瓯，社稷身与山河碎。
> 地覆天翻日月移，空拥泥沙抛野寺。
> 掣肘还思未放时，隔朝犹带硝磺味。
> 呜呼此曹何代无，圣如庄烈犹为愚。

四尊前朝遗弃的铁炮，引发了李调元对明朝灭亡的反思、对崇祯皇帝的批评。

明亡以后，无论士大夫抑或贩夫走卒，普遍对崇祯皇帝存在着同情。这是因为，即位之初，崇祯皇帝即严旨惩办了祸国殃民的魏忠贤及其死党。以后，天灾人祸纷至沓来，崇祯皇帝屡次下诏罪己，他宵衣旰食、励精图治，并无荒淫、奢侈、"以天下养"的恶迹。民间普遍传言：君非亡国之君，臣皆亡国之臣。

李调元在诗篇里予以矫正，还原历史真相，他指出僭窃国柄、擅作威福的是宦官，他们被派作监军，干预军事指挥，使得将领被小人"掣肘"，壮士扼腕，而宦官之所以横行为害，是因为皇帝给了他们尚方宝剑。诗中又斥责了洪承畴之流像西汉的李陵一样，投降敌人。这些文武大臣，"原为富贵计"，"解甲纷纷"，不战而溃。所铸的威力巨大的铁炮，仅仅作为摆设，焉能御敌于国门之外？

结尾"呜呼此曹何代无，圣如庄烈犹为愚"一针见血地道破了崇祯皇帝的昏庸、愚蠢，他是亡国之君，咎由自取！

八、缅怀果亲王

李调元于乾隆三十四年（1769年）十一月二十日启程，携眷回川。

李调元跋涉在秦蜀栈道上。在南兴镇馆驿内，他有机会瞻仰一幅粉壁上的墨宝，那是果亲王手绘的《墨松图》，笔力奔放，水墨淋漓，趣在法外。

早年，在成都读书时，学友们常到离锦江书院不远的武侯祠游玩。武侯祠大殿的正中匾额"名垂宇宙"便是果亲王手书，笔力秀逸遒劲，自辟新境。此外，果亲王在杜甫草堂侧的草亭里，题有"少陵草堂"石碑；在文殊院内，题有"开甘露门"的匾额；在德阳落凤坡庞统祠内，题有"忠节凛然"的匾额。

李调元二十六岁那年入京，第一次在南兴镇上观赏到果亲王泼墨写松的名画，叹为观止，曾兴致勃勃地讴歌道：

> 亲王画松有仙骨，毕宏韦偃两超越。
> 偶拈墨笔扫青松，百尺霜皮挂东壁。
> 蛟螭蟠挈撑碧空，雷雨淋漓垂空蒙。
> 屈铁阴森夏寒月，高枝惨烈来悲风。

从此更增添了李调元对果亲王的敬仰之情。入京之后，他留意搜集果亲王的生平事迹。按大清制度，亲王、郡王、贝勒、贝子非奉有特旨，不能出京。三十年前，果亲王由陕入川，是肩负什么使命呢？

原来，果亲王名叫爱新觉罗·允礼，是圣祖康熙皇帝第十七子，系纯裕勤妃陈氏所生。

康熙皇帝晚年时，由帝位继承而起的纠纷愈演愈烈。兄弟骨肉之间"情如水火，势同敌国"。允礼先是党附皇八子允禩的。皇四子胤禛继登大位，改元雍正后，对允禩等严加惩治，独于允礼时示宽大。这是因为衷心拥戴雍正的皇十三子怡贤亲王允祥极力保荐允礼。

雍正八年（1730年）五月初七日谕旨称："怡亲王在朕前极称果亲王居心端方，乃忠君亲上、深明大义之人，力为保奏。朕因王言，特加任用。果亲王之和平历练、临事通达，虽不及怡亲王，而公忠为国、敬诚不欺之忱，皎然可对天日。"

清代宗室子弟多封以亲王、郡王，次以贝勒、贝子，又次以公爵的爵号。不赐土，但需参与朝政，内襄政本，外领师干，与明（分封藩王）所谓"不临民、不治事者乃绝相反"。由于果亲王为雍正倚重，命管工部、户部和理藩院事。雍正十二年（1734年）秋，又诏令他"送达赖喇嘛还西藏，循途巡阅诸省驻防及绿营兵"。

这是一项劳苦的工作，也是一件重要的政务。清初诸帝，从总的方面来看，都致力于协调满汉蒙藏各民族间的关系，以期加强统一，巩固边陲。顺治九年（1652年）十二月，达赖五世到北京晋谒顺治皇帝，顺治十年（1653年）五月被敕封为"西天大善自在佛所领天下释教普通瓦赤拉呾喇达赖喇嘛"。康熙皇帝多次会见蒙藏王公、喇嘛，使之"诚心归附，以障藩篱"。雍正皇帝还在藩邸时就和僧道往来频繁，对释道经典都较熟悉，自号"圆明居士"，把"神道设教"作为敬天法祖之类精神力量的补充，以期巩固多民族的清朝政权。

所以，果亲王经川入藏，既是为了加强清朝中央与西藏地方的联系，也是为了增进兄弟民族间的团结和睦。

一代名王，身膺朝命，为巩固边陲，为抚慰西藏的僧俗民众，历尽千辛万苦，走向雪漫冰封的西藏……

果亲王手绘的墨松，不正是他亮拔不群、经冬不凋的形象吗？

缅怀名王，李调元在千山万壑的松涛声里心潮起伏，发为吟咏，他在壁间题写了《再题南兴镇店壁果亲王墨松》：

　　　　　灵虬蟠不住，
　　　　　忽向粉壁入。
　　　　　自从泼墨来，
　　　　　夜夜风雨急。

九、心红峡上

天柱耸立，玉笋排空，乔木蔽天。李调元又行进在一线如练的古栈道上。

这是乾隆三十七年（1772年）的春天。李调元因为父亲亡故，丁忧期满，从故庐返回京师，跋涉在秦岭凤县途中。

古代四川，通往外界之路，除经过长江三峡的水路之外，便是北走秦岭的古栈道了。传说战国时秦惠王赠给蜀王金牛、美女，蜀王命五丁壮士劈山开路，沟通秦蜀，"地崩山摧壮士死，然后天梯石栈相钩连"，造就这道有名的雄关险栈。

李调元看见悬崖峭壁之上，凿出千万个栈孔，孔内插木桩，铺上一块块木板，架成了凌空飞渡的栈道，蜿蜒起伏，缠绕于丛莽深处。呀，绝巘干云，幽林蔽日，高峰复岭，骇浪澄渊，虽在日午，亦感觉阴气逼人。

这是鬼斧神工的杰作，这是人类征服自然的壮举。从《宝鸡县志》里，李调元感受到了古代先民的智慧和毅力。据称：古者凿山通道，或土脉坚强，巨石坚固，则聚薪烈焚，乘其燥热，沃以严醪（醋），使土疏、石脆，斤锤易施。火醋激，锤击钻，一步一个脚印，才在这绝壁之上形成通衢。

李调元来到"云栈第一佳处"的心红峡。不远处有茅屋酒家，高挑着酒帘儿，映着四山晶莹的瀑布，饶富诗情。突然，他看见瀑布旁边青黑色岩石缝里的荆棘丛中斜伸出一棵李树，开满了洁白如玉的花朵。李花与自己同姓，倍感亲切，拨动了诗人敏感的心弦，他以《李花》为题，写道：

> 与尔同根蒂，
> 飘零未有家。
> 如何丛棘里，
> 也放一枝花？
> 风猛犹强笑，
> 霜攒莫漫夸。
> 泫然为雨下，
> 伤类本同嗟。

李调元正沉浸在感伤的诗情里，忽听身后一阵响亮的笑声。一只手抚上李调元的肩膀，有人笑着说："雨村兄，幸会，幸会。"

"是你，冯年兄。"李调元看清来人原是礼部郎中冯星实，"你几时出京的？"

冯星实是个四十多岁的中年人，他瘦长的刀条脸上显出矜持的笑容："奉钦命，典试蜀中，上月离京，现住在前面馆驿里。"

二人"他乡遇故知"，而且，长日寂寞，于荒山绝岭的野店巧遇，怎能不呼酒买醉呢？

酒醉微醺，二人又联句吟诗。冯星实是安徽桐乡人，少年得志，中进士、入翰林，擢升礼部郎中。他认为西蜀地处偏僻，文化不发达，人才寥寥，仅只李调元还有些名气，其余皆庸碌，不足挂齿，因而吟诗中就自然流露出来了：

> 灵秀江山君占取，
> 可留余气续遗风。

李调元听罢，暗中思忖：这两句诗表面上是恭维自己，占却了巴蜀灵秀——不免令人肉麻——而言外之意，竟是舍此而外，蜀中士林均不屑一谈。

李调元酒醒大半，望着顾盼神飞的冯星实，语重心长地说道：

险邛不少相如赋，
休令诸生叹白头！

借古讽今，用司马相如的故事表明四川读书人中人才甚多，切不可目中无人，倨傲误事。李调元担心狂傲的冯星实这回要捅娄子、碰钉子。

李调元确有先见之明。

冯星实没有听取忠告，这位近乎偏执狂的主考仍然把四川生员看成无名鼠辈。他在成都贡院主持乡试时，竟异想天开地出了一道试题——《井蛙赋》，挖苦四川人是井底之蛙，只见过簸箕那样大的一块天。

试题一出，考棚内一片哗然。士子们不顾监考人员的弹压，群起抗议，相激相荡，要找主考官辩理，吓得冯星实赶紧躲了起来。

士子们纷纷罢考，大闹考场，并联名上书朝廷，控告冯星实。这就是轰动一时的四川辛卯乡试风波。

风波闹大了，朝廷中的四川籍京官也纷纷弹劾冯星实。乾隆皇帝迫于情势，勒令将冯星实撤回，严旨斥责。

冯星实灰溜溜地离开成都，准备回京待罪。归途中再经过心红峡时，他垂头丧气，深悔当初不听李调元的劝告。经过酒店时，只听他喃喃低语："唉，都怪我妄执无明。我，愧对故人呀！"

十、艳姬之死

丁忧期满，返京供职时，妻子胡氏因病没有同行。李调元携带儿子朝础——已渐渐长成，能写诗了——和去年夏天新纳的侍妾万氏同抵北京。

行前，有《别内》一诗留赠夫人胡氏：

> 许国今扬万里鞭，百般家计赖君肩。
>
> 栖身初置三间屋，糊口犹存十亩田。
>
> 常使亲朋来有酒，莫教稚女冷无棉。
>
> 我虽在外清贫过，也得人称内助贤。

这次返京，看云楼业已易主，归一位姓王的编修住了，被改名为"迟云阁"。李调元住进一所吏部的房子，地点在宣武门东的椿树三条胡同。

"新觅栖身屋数椽，欣然斗室任歌眠。"偕行的侍妾万氏，成都人，聪慧解语，能诗善曲。他俩是在乾隆三十六年（1771年）七夕在成都武担山下定情、结合的。纳妾是当时士大夫的一种陋习，李调元也未能免俗。

公务余暇，丈夫归来，万氏伴着抄书校录，或莳花种蔬，或饲养金鱼。他俩临水顾影，调侃金鱼："莫嫌盆内香萍少，罾网安从此处来。"娇柔的万氏小鸟依人般偎在丈夫胸前，楚楚动人。她曾吟咏过一首记述闺情的五律：

满院花如锦，风光别样新。

绿杨三月雨，青草一年春。

画阁眠初觉，黄莺啭正频。

拈针时不语，为忆未归人。

间或，李调元与朋辈郊游，万氏总是依恋地嘱他早回。情意缠绵，两情笃好中，万氏怀孕了。万氏虽时感晕眩，娇病袭身，但心里甜滋滋的，常为腹中躁动的小生命而欣慰。

转瞬间已是乾隆三十八年（1773年）暮春时节。这天假日，李调元与祝芷塘、王少林等几个诗友相约去陶然亭送春。

陶然亭，被名士们的诗文熏染得云霞般绚烂。这座古亭在京师南边的外城西区。亭子为康熙朝工部郎中江藻所建，"陶然"二字，取意白居易诗："更待菊黄家酿熟，共君一醉一陶然。"西南高丘上有元代遗留的"慈悲庵"及明代开窑烧砖的"窑台"。

由于京师可以登临的高地全被皇家占有，官民盖房子不许高过内苑的宫殿，所以全城只有这块地方有高可登。且有荒冢、城墙、古庙、苇塘点缀其间，具有一种苍茫萧疏的情趣。住在宣武门附近的翰林、部曹，春秋佳日，多结伴来游。

李调元一行来到亭内，先观赏了康熙朝进士、吴县沈朝初（字洪生，号东田）题写的楹联：

慧眼光中，开半亩红莲碧沼；

烟花象外，坐一堂白月清风。

联语将亭外碧荷田田、绿柳依依、杂花生树、水木明瑟的佳处都点到了。

从虬枝盘曲的松树林过去，沿着太湖石山道拾级而上，来到锦秋墩的南坡。这里有两座小坟，就是有名的香冢和鹦鹉冢。

王少林是初次来陶然亭，很有新鲜感，扭住祝芷塘，要他讲解。祝芷塘是个

"北京通"，既爽快又热心。他拨开荒荆野蔓，指点香冢碑正面刻着的"香冢"两个篆字，又看碑背面的短铭和七绝。铭文情思婉转：

> 浩浩愁，茫茫劫。
>
> 短歌终，明月缺。
>
> 郁郁佳城，中有碧血。
>
> 碧亦有时尽，血亦有时灭，
>
> 一缕烟痕无断绝。
>
> 是耶非耶？化为蝴蝶！

王少林为这铭文所感动，他低吟着旁边的刻诗：

> 飘零风雨可怜生，
>
> 香梦迷离绿满汀。
>
> 落尽夭桃又秾李，
>
> 不堪重读瘗花铭。

听到"落尽夭桃又秾李"时，将李花引为同类的李调元心里一怔。

"这古冢埋的是谁？"王少林询问。

祝芷塘说："传说不一呀。有说是明末遗民埋瘗的衣冠，有说是前明一位御史在这儿埋葬了奏稿。据我的考察，坟内埋的是北京名妓李蓉君。因为李蓉君爱上了一个书生，鸨母不许，遂自杀殉情。书生为纪念她，特在此营建坟墓。"

"美人香草，薄命如斯。"王少林戚然感叹。

"那边的鹦鹉冢，也有一个哀婉的故事哩。"

李调元在这凄艳的氛围里，沉思不语，他的脑海里迭现着爱妾万氏日益憔悴的面颊，今晨出门时她那对眸子里露出幽幽的泪光，似忍受着巨大的痛苦，李调元心里怅然若失。耳畔似又传来爱妾的苦吟声。这是万氏昨天吟就的一首七律：

春花度尽百花颠，

燕老莺愁昼欲眠。

败絮因风还自舞，

落红无主更谁怜？

云疏夹透斜阳影，

树密低烘晚照烟。

底事浮沉皆梦幻，

等闲觑破即神仙。

正当妙龄的万氏，为何触发此如泣如诉之词呢？

……

祝芷塘又向同行的友人，娓娓讲述起鹦鹉冢的故事——

本朝早些年间，南海边一座小镇上住着一个姓乔的书生，妻子叫玉娘。玉娘养了一只浑身雪白的鹦鹉，取名阿白。阿白聪明伶俐，会唱小曲，十分惹人喜欢。听到此，李调元更纳闷儿，万氏小名就叫阿白。却听祝芷塘继续讲：乔生和我辈读书人一样，想以科举取得功名。这天，他要进京赴考。玉娘担心丈夫旅途寂寞，就让他带上白鹦鹉同行。

乔生翻山涉水，风尘仆仆来到京城，就住在宣武门外南横街本省的会馆里。

当时，有钱的纨绔子弟到了北京，出入酒楼、戏园子和八大胡同什么的，整天花天酒地。乔生却规规矩矩，发奋攻读。可是，命运作祟，他却名落孙山。乔生忧郁得病了。养病期间，阿白劝道："相公，咱们回家吧，娘子盼着哩！"

"下第回去，哪有脸见玉娘啊？再等下科高中后回去吧！"乔生滞留会馆，只能以卖字画糊口。

有天，乔生听看门老头说，慈悲庵有庙会，就拿了几幅字画，带着阿白去卖。走出会馆向南，经黑窑厂，过窑台，便看到苇塘和土岗环绕的慈悲庵了。这里的景致很美，乔生正想作诗，猛见上香的人们，夫前妻后，成双成对，他不禁叹息了一声。

阿白机灵地说："相公，你是想念娘子了吧。让我去看看她吧。"

"千山万水，你能飞回去吗？"

"能。"阿白扇动双翅，冲向昊空。它不停地飞呀飞，飞过九座大山、十二条大河，整整飞了三天三夜，回到南海之滨。亏得阿白回来，因为玉娘想念丈夫，正缠绵病榻。她见到阿白，连忙打听相公的消息，末了焦急地说："阿白，你赶快把相公接回来！我不盼他做官，只要他心里有我，一块儿厮守，白头偕老。他再不回来，我可就活不了啦！"

忠心的阿白同情主人，顾不得疲劳，又出门向北飞。它飞呀飞，翅膀愈来愈沉重！当它飞过第九座大山时，一只凶猛的秃鹰向它袭来，它险些被捕获。阿白的一只翅膀被抓伤了，它强忍痛楚，扑扇着翅膀继续向北飞。当它飞到第十二条大河时，一粒弹丸又击中了它的肚腹，损伤了它的元气。

阿白终于飞回乔生的小屋，跌落案头，有气无力地说："娘子病重，早些回去，兴许还能见着。"说完，口吐鲜血，不能动弹了。

乔生在陶然亭畔选了这块墓地，埋葬了阿白。他披星戴月地奔回故乡去了。

故事完了，他们都沉浸在悲伤里，白鹦鹉的故事里，渗透了成千上万落第士子的血泪。

正在这时，李调元新雇用的名叫"京娃娃"的书童心急如焚地找了来："相公，快回去！万娘早产，晕过去了……"

李调元急忙往回走。按预产日子，还差一个多月，万氏怎么了？李调元飞步急跑，跑哇跑，但是，厄运是不能挽回的呀！

啊，白鹦鹉，啊，白衣素裙的万氏娘子，白鹦鹉累死了，万氏难产死了。李调元昏死过去。他虽被抢救，醒转过来，心却碎了。破碎的心，重温旧梦，吐出了字字凄绝的《悼亡诗》：

（一）

匆匆曾类触霜风，拜别诸亲月正冬。

岂意竟成青冢恨，千山万水隔重重。

（二）

当年七夕武担山，聘得仙姬玉比颜。

转恨佳期当日误，未闻织女在人间。

十多年后，蜀人朱霞堂编选了一部蜀中妇女诗集《浣花濯锦集》，内中选了万氏的遗诗，李调元读罢，又题写了一诗：

浣花织锦女郎词，
自古骚坛半蜀姬。
一骑索观忙底事？
丽人中有万娘诗。

两度岭南

李调元两次远赴广东，主持文运，培育桃李，推动了当地文化教育事业的发展，在当地留下一段佳话。

一、自天而降

踏上去岭南的旅途，是在乾隆三十九年（1774年）的盛夏——朝廷任命李调元为广东省乡试副主考，他于五月中旬匆匆出发。

顺治二年（1645年）规定，以各省距京路程的远近，公布考官的日期有早有晚。考官专用进士出身之官员，间亦有举人出身者。

四川、广东、广西、福建于五月十二日公布，一般限命五日后启程。出京照例由兵部颁发"勘合"驰驿，按驿站而行。打尖、住宿有一定的塘、站。按规定，不许携眷，不许游山水与接待亲朋，不许多带随从骚扰驿递。行经之地，由所过州县官沿途交替供应夫马、招待食宿，直至到达该省之省城为止。

榴花灿如火，炎天万里行。

出京后，水陆兼程艰辛备尝。除炎威煎逼外，馆驿内"鳌虱多于蛆"，使人不得安眠。有时还得"载星常夜趋"。李调元在途中生病，而他的两个仆人也因不服南方水土，委顿不堪。

旅途中，聊可慰藉的是常有风光入眼，充满了诗情画意。"槐树阴中卧黄犊，稻花香里吠青蛙"，李调元恍如回到淡烟乔木的绵州，"错认今朝是到家"。

行至水乡泽国，呈现出恬静的田园风味，李调元信手拈来，绘得一帧天然画图：

垂柳垂杨醮水光，

藕花红白满池塘。

渔人收网自归去，

数只鸬鹚晒夕阳。

李调元由直隶出发，经山东、江苏、安徽等地到达广东。

在四川民间传说中，有这样的"佳话"：李调元任湖广主考，湖广生员瞧不起这位来自边荒省份的典试官，在他行经的驿道上，写了一副上联要难他一难。

李调元下轿一看，这上联出的是：

洞庭八百里，波滚滚，浪滔滔，问宗师从何而来？

这上联颇有上车伊始，便将你一军的意思，且借八百里洞庭的波澜，发出咄咄逼人的气势，不啻当头棒喝。李调元沉思了一会儿，寻思着气吞云梦的对句。

电光石火般，往事都涌上心头，他想起当年两次由川去浙所见"天宽才一线，地仄控三巴。瀑挂山山树，溪流处处花"的巫峡景色。于是，他对就下联：

巫山十二峰，云霭霭，雾腾腾，本主考自天而降。

面对主考的巧对，生员们怔住了。"巫山"足可匹敌洞庭，且是李调元的家乡，尤为切题。自天庭而降，却又和主考的身份、口气相吻合，凛然不可侵犯。

这次岭南之行还发生过一个真实的悲剧——酷暑炎热，瘴雨蛮烟，夺去了李调元同行南来的两个仆人的生命。李调元悲痛万分地在客旅中为仆人料理了丧事，面对莽莽崇山，愈增苍凉哀戚之感：来时主仆三人，于今孑然而立，而前面还有许多山程水程。他在梅关旅邸写下一首《伤二仆》：

此莫非王事，贤劳岂汝身。

如何触炎热，忽尔化飞磷。

衣被余空马，衾棺委路人。

益帷无以报，一日两酸辛。

从这首诗里，可见当日冒暑力行的艰辛和李调元痛恤亡仆的仁慈之心。

二、赣江读曲

由长江入鄱阳湖口，穿湖而南，溯赣江而上，南昌临近了。时值深秋，江天澄澈，晚霞给波光镀上一层淡淡的红晕，江水瑟瑟，浮彩流金。

滕王阁近了。王勃（字子安）的名句"落霞与孤鹜齐飞，秋水共长天一色"，这千古绝唱，回旋在李调元脑际。呀，"初唐四杰"之一的王子安，拥有绝代才华，享年仅仅二十八岁。天公妒厚，才人福薄！是遭际的落拓，摧伤了你的心儿吗？你长叹"徒志远而心屈，遂才高而位下"，纡郁困苦，自比沉沦涧底的孤松。……李调元物伤其类，吩咐停船，上岸登阁一游。

重檐丽阁，飞翠流丹。楹柱上联语甚多，李调元在宋荦的题联下观赏流连。

宋荦，字牧仲，号漫堂，又号西陂，官至吏部尚书。他的这副联语，很为工巧：

> 依然极浦遥山，想见阁中帝子；
> 安得长风巨浪，送来江上才人。

一代一代的才人往来，一代一代的酒阑人散，江山依旧，人已非昔。李调元沉浸在怀古的幽思里。

看看天色不早，李调元忙又上船，他想去拜望老朋友蒋士铨——上次看云楼诗酒欢聚之后，蒋士铨、赵翼、姚鼐都先后离京，蒋士铨回到南昌城下的江畔别墅，听说最近很写了些戏剧作品。

李调元来到蒋宅，不巧的是，蒋士铨已于三天前奉命入京，仍去翰林院供职。两位老朋友江上错过。

蒋士铨的儿子知廉盛情接待，备下丰盛的酒宴接风。席间李调元向知廉索取蒋士铨的诗稿——因为李调元早打算刻选"袁（枚）蒋二家诗选"，用以嘉惠后学。知廉听后长叹一声说："家父的诗稿，不幸于前年出京日因船覆之祸，付诸水泊了，万幸的是父亲溺水被救起……唉。"

李调元正为老友的历险而惊叹，知廉忽然说道："家父有几出剧稿，还存在匣里。今晚小侄找几位抄手抄录一册，明晨送与伯父吧。"

"好极了。我和令尊大人一样，喜好传奇。令尊的佳作，定要好好拜读。"

次晨开船时，知廉手捧着誊好的父亲撰写的剧稿，交到李调元手上。

船中，李调元挥手谢别送行的世侄，然后展开蒋士铨的《藏园九种曲》：传奇《空谷香》《桂林霜》《雪中人》《香祖楼》《临川梦》《冬青树》；杂剧《一片石》《四弦秋》《第二碑》。

李调元素知蒋士铨作曲尊崇汤显祖。今见其《临川梦》，即描写明代杰出戏曲家汤显祖的创作生活，并穿插了景慕汤氏而死的娄江俞二娘的故事，汤氏"四梦"中的主要人物如淳于梦、霍小玉等都有出场，构思奇特，富于浪漫色彩。

蒋士铨在《临川梦》自序中写道："临川一生大节，不迕权贵，递为执政所抑，一官潦倒，里居二十年，白首事亲，哀毁而卒，是忠孝完人也。"李调元读到这里，心里一怔，联想到看云楼四友，不都有"一生大节，不迕权贵"的特点吗？他想，今后自己若是养有伶人，定要搬演《临川梦》。但他未能预知，自己亦终将"为执政所抑，一官潦倒，里居二十年"！

读着《临川梦》，李调元被吸引，进入戏中的境界，忘却了身在舟中，舟在赣江的急湍险滩上行进。他连呼这剧作当为"近时第一"，蒋士铨"腹有诗书，故随手拈来，无不蕴藉"。事后他还追记舟中读剧之乐："不觉日行数百里，但见青山红树，云烟奔凑，应接不暇，扬帆直过十八滩，浑忘其险也。"

九种曲中，李调元还特别欣赏《冬青树》。此剧共三十八出，谱写宋末文天祥、谢枋得殉国之事，歌颂了民族大义，谴责了卖国奸臣。

此剧第二十九出为《柴市》，写文天祥尽节。其中有一段悲歌慷慨的场面：

[醉花阴] 三载淹留事才了，展愁眉仰天而笑。眼睁睁天柱折，地维摇，旧江山瓦解冰消。问安身那家好？急煎煎盼到今朝，刚得向转轮边头一掉。

……

（杂）这是留丞相送来筵席，请爷用些。

……

（生）留梦炎那贼子的酒食，怎敢排在这里？（踢翻介）

[刮地风] 哎呀，见了这狼藉杯盘和浊醪，枉铺陈旨酒佳肴。可知是阴为恶木泉为盗，今其间多少脂膏！

……

后来李调元挂冠归田后，家有伶人，曾将老友蒋士铨的戏剧演出。《冬春树》中的《柴市》，感人至深，在四川戏班中逐渐传开。民国时，川剧作家黄吉安巧手新裁，与伶人合作创作了川剧《柴市节》。然而，追本溯源，改良川剧《柴市节》这出流传至今的好戏，其滥觞处则在李调元"赣江读曲"之日也。

三、"一编收拾五羊春"

碧波漾漾走银沙，
箬笠长年各有家。
少妇舵楼金齿屐，
两鬟还插素馨花。

岭南粤海，好一派南国风光：头簪野花，足靸木屐的妇女，摇橹送客。其健美的身躯，黑中透红的肤色，不似北国闺秀，也不像江南水乡女儿，别有一番风情。

她们长年暴露在火辣辣的骄阳底下，高唱情歌。李调元游经粤江两岸，为船娘的歌喉所吸引。那摇桨的少女，故意将水花儿溅向邻船。邻船的后生惊喜交集、迷糊未语之际，少女已唱起《浪花歌》：

摇桨过郎船，滴水上郎身。
语郎勿相怪，水是郎媒人。

粤江女儿真是异想天开：托桨下的水花儿做媒，表达她芳心里的似水柔情。李调元从这才思敏捷、心痴情切的船女身上，看见了天然去雕饰的人性美。她们的歌，像唐代巴山楚水间的竹枝词一样"含思婉转，有淇澳之艳音"。正想到这儿，岸上树枝斜倾，横亘江面，树枝间恰见蜘蛛结网，船女又唱起《蜘蛛曲》：

> 蜘蛛曲，妹相思：
> 花不年年在树上，
> 妹不年年作女儿，
> 天旱蜘蛛夜结网，
> 想晴惟有暗中丝。

借助比兴手法、谐音双关，大胆吐露心曲，既真挚又热烈。

呀，南国红豆也相思。

船女之恋，牵动着李调元的诗情，而合浦（辖境相当于今广西合浦、灵山等地）采珠的场面，更使诗人眼界为之一开。

珍珠明珰传说是大海里鲛人的泪。李调元记得《太平御览·珍珠部》引张华《博物志》，说："鲛人从水出，寓人家，积日卖绢。将去，从主人索一器，泣而成珠满盘，以与主人。"

这传说是哀婉的。鲛人泪凝珍珠使李调元联想到故乡传说中血化杜鹃的望帝。哀婉的传说，同是对精诚的礼赞、人性的歌颂，且给吟诗作文以丰富的养料。

现实生活中，珍珠是怎样采撷的呢？

李调元走访了耕耘大海的人——蠃夫。

蠃，音裸，螺类动物的统称。"无鳞甲毛羽，故谓之蠃虫也。"蠃夫，既指他们以采捕螺类动物为生，又指他们"无鳞甲毛羽"、赤身露体泅海劳作。

> 八月蓼花红满岸，
> 定知今夕得明珰。

采珠的季节是在中秋前后，犹如稼穑一样，仲春时节便开始了耕耘。年年阳春，在合浦的白龙洋上，嬴夫们要下到海底的珊瑚石上，安置装有螺蛳的器具吸引珠蚌到那里栖息，结成珠胎——珍珠系由珠蚌的外套膜分泌珍珠质，包围刺激源而形成。海水里时有噬人的巨鱼，嬴夫春放器具秋采珠时，常有死伤、葬身海域的惨祸发生……

粤海风情，拓宽了李调元的诗歌题材。他通过长期观察，写出了前后《采珠曲》，讴歌普通劳动者：

千尺螺筐海底垂，

跃波那畏巨鱼唼？

可怜性命系缒绳，

得珠多寡仍无凭。

与《采珠曲》相媲美的，还有李调元在广州写作的《蕉布行》：

……

广州女儿蕉作布，

拔钗先买芭蕉树。

穿来不仗玉梭投，

挑去唯将金针度。

可怜手爪世间稀，

终岁成匹不下机。

……

芭蕉，多年生草本植物，叶纤维可以织布，这种布名叫"蕉葛"，如蝉翼，质轻透汗生凉，是夏天理想的衣料。

传神的诗笔，刻画了心灵手巧的劳动妇女形象。较之一般文人吟风弄月、感伤个人身世之作，具有不可比拟的社会价值和史料价值。

李调元将这次南游的题吟，编成《粤东皇华录》。他的同年、内阁中书顾宗泰（号星桥）读后，曾题诗赞誉道：

罗江才子今词客，

玉署仙郎作使臣。

花满越王台畔路，

一编收拾五羊春。

四、与朝鲜友人的情谊

"九死南荒吾不恨，兹游奇绝冠平生。"苏轼被朝廷贬官，谪居琼州时写下的诗句，只有亲身到过岭南的人，才能领会到其中的真义。乾隆三十九年（1774年）奉旨出任广东乡试副主考的李调元，走上他所崇敬的眉山老乡苏轼曾走过的道路。岭南山川奇丽，古迹至多，风俗殊异，使他赏心悦目、叹为观止。李调元将沿途经历一一写进他的诗里，集成《粤东皇华录》。举凡粤海云霞、蕉林夜雨、浮鳌沉珠、灯船花市……莫不绘形绘声，收入诗囊。

《粤东皇华录》刊行后，以其"诗情清丽"，不胫而走。乾隆四十二年（1777年）元宵佳节，由朝鲜派到清王朝来做副使的礼曹书判徐浩修与朝鲜诗人柳弹素、李德懋等逛游北京琉璃厂书肆，于坊间购买到了李调元的这部诗集。回到馆驿传阅后，他们一致赞叹，深感是书"超脱沿袭之陋，一任淳雅之真……其格致之苍健、音韵之高洁，无心于山谷放翁而自合于山谷放翁"。这三个热心的朝鲜人四处打听李调元的行踪和住址。

这时李调元已由广东回京复命，仍在吏部任职，但因秉性刚直，得罪了上司永保。永保的父兄均系权臣，以"浮躁"的罪名参奏李调元一本，因而李调元被停职，听候处理。李调元满腹冤屈，无处申诉，只得"引罪自避嫌，侨居宣武侧……屏户终日坐，面不求人识"。

朝鲜副使徐浩修碍于制度，不便与清朝的"罪臣"见面，便写了一封热情洋溢的信，托柳弹素带给李调元。一个春风沉醉的夜晚，身穿白衣、头戴白冠的柳弹素来到北京宣武门附近李调元的寓所访问。处于困境、深居简出的李调元为这友好邻邦的知音来会感动得热泪盈眶，忙叫侍儿凤仙秉烛置酒，以园中自栽的蔬菜瓜果款待客人。"自古诗人无假语"，宾主一见如故，推心置腹地交谈。烛影与月影交辉，诗情共友情互长。柳弹素回国在即，为了留作纪念，他给李调元画了一幅肖像画。

不久，三人回国了。然而，中朝两国诗人一朝订交，情谊不断。秋夜霜天，北雁南飞，李调元神思远驰，写下了《寄柳几何》：

> 秋从昨夜来，举头见飞雁。
>
> 如何春水波，人去长不见。
>
> 去年篱下菊，今复掇其英。
>
> 如何白衣人，不复门前迎。
>
> 思君令人老，思君令人瘦。
>
> 人老尚可支，人瘦不可救。
>
> ……

回国后，徐浩修以年老辞官归田，隐居在距汉城（今首尔）百里之遥的白鹤岭，岭上古松成林，岭下清溪若带。主人在背岭临溪处构造了几座楼亭。在他的书室正壁上，悬挂着李调元的画像："如来口如频婆红，先生小照似佛面。"每年腊月初五李调元生日这一天，他约集柳弹素、李德懋聚会吟咏，一倾对中国诗友眷恋的情愫。室外絮雪飞扬，他们则围炉传杯，缅怀故人："绵州万里若比邻，自定神交意转真。岁岁余冬初五届，遥飞一盏贺生辰。"酒助诗兴，诗比酒浓，他们张开了想象的翅膀，要约同调元，冯虚御风，翱翔天宇，"朝游西蜀暮东韩，往来转瞬穷八极"。

……

李调元宦途多艰。他虽再次出任直隶通永道，仍因永保（时任直隶按察使）的攻讦、陷害，一度被捕下狱。乾隆四十八年（1783年），李调元定罪充军，要流放新疆伊犁。流放途中，幸遇再任直隶总督的袁守侗的关照，在皇帝面前为他申辩，才获得释放，允许他缴纳赎金抵罪。这之后，李调元离开了尔虞我诈的官场，飘然归里，息影罗江，寄身翰墨，潜心著述。从宦游京师开始，他便遍访异书，亲自抄录，寒暑不辍；于乡土文献，"锦里诸耆旧著作，尤刻意搜罗"。经过多年惨淡经营，编印了一部卷帙浩繁的《函海》，内中包括前人有关巴蜀的著述和他本人的诗文、史论、古文字、音韵、诗话、词话、曲话、赋话、杂著……为蜀中学术界添一宝库。当时文坛的泰山北斗袁枚在垂暮之年喜读《函海》后，寄赠李调元云："正想其人如白玉，高吟大作似黄钟。童山集著山中业，《函海》书为海内宗。"

恰在这时，朝鲜三人又寄来书信，探问阔别多年的好友，向李调元索取近日的新作。捧着信纸，李调元追怀诗友们京门订交，忽忽已是二十年了。二十年的风朝雨夕，白鹤岭同罗江间的千山万水，并没有浸蚀两国诗人间黄金般纯真的友情。六十多岁的李调元激动地登上罗江困园李氏藏书的"万卷楼"，选了一部新刊印的《函海》，托付进京的门生带到朝鲜使节那里转送白鹤岭下的朝鲜诗人。这份出国的礼品很不寻常，一字一句都浸透了李调元的心血，象征着中朝两国诗人间的深情厚谊。

五、铁员外

广东乡试完毕，正主考编修王懿修被任命为广西学政，就近赴任去了。李调元独自回京复命。抵京之日，雨雪载途，已是乾隆三十九年（1774年）岁暮严冬了。

不久，李调元由吏部文选司主事正六品升任考功司员外郎（从五品）。

吏部，设满汉尚书、侍郎，下置四司：文选、考功、验封、稽勋。司的长官为郎中（正五品），员外郎副之。

忼直的李调元命中注定的"灾星"出现了，这人就是考功司郎中永保。李调元与永保的交恶、冲突，影响了他后半生的命运。

在叙述永保对李调元的首次攻讦之前，先考察一下吏部各司的司官——"铨曹"（即指郎中、员外郎、主事等中下层官员）每天的政务、起居、饮食方面的情况。

李调元详细记载了铨曹的劳苦，留下了珍贵的有关京官生活的资料：

> 六部之事，最繁剧者，无如铨曹。每日早膳毕，即驾至司堂，同司九人皆先后到，后到者拱先到，即坐。坐则吏抱牍而前，官濡朱墨以待，随批随点。若阅则堆薄板上，积若蹬梯……

如果书吏来通知，明天要上奏某事，那就要忙着准备，天昏黑才能回家。一家人虽团圆，心里搁着上奏的事，席不暇暖，又要赶早入朝：

> 至四鼓，鸡将鸣，即呼家人起，笼火煮粥。御者亦先驾车门外。官起盥洗毕，即食。食未毕而家人报五鼓矣。即踉跄上车。在灯笼上黑书"吏部"二字，随人旁挂右辕。御者喝骣行，即雷声毂毂走，前后车相接。其星光上下，半皆衙门奏事官车灯笼也。至前门则尚早，门未启，假寐车中……

如果遇到皇上接见，那就更兢兢业业，"声咳不闻"。每当春夏天，皇上驻圆明园，则需赴园，起床更早，沿途之中，"雨泥之霑湿，暑热之蒸薰"，更是困苦。

李调元起早贪黑、忠于职守，却未料到他的顶头上司在妒忌、中伤、诬陷他，所以当按期"京察"（考核官吏的一种制度）时，永保参劾李调元"浮躁"，对李调元不啻是霹雳轰顶，对部里的同寅来说，也无不十分意外。

挟私诬陷李调元的永保及其兄长勒保是清乾嘉两朝的要员，他俩系满洲镶红旗人，姓费莫氏。父亲温福曾任军机大臣、大学士，是一个出将入相的显赫人物。

白云苍狗，好景不长。这期间清王朝发动了平定大小金川土司叛乱的战争——

大小金川是大渡河上游的两条支流，位于四川西北部，"皆以临河山有金矿得名"，系藏族民众聚居区。这一带"万山丛蠹，中绕泓溪"，"深寒多雨雪，惟产青稞荞麦，番居皆石碉"。清政府设土司官治理大小金川。乾隆十二年（1747年），大金川土司莎罗奔发动叛乱，历时四年，为清将傅恒、岳钟琪平定。

乾隆中期，大小金川土司再次叛乱，不断侵掠邻近土司。乾隆皇帝命令四川总督阿尔泰进剿，阿尔泰用兵失利被杀头。乾隆皇帝改派大学士温福督师，这温福做了多年太平宰相，原本不懂韬略，更无实战经验，奔赴军营后接连失败。乾隆三十八年（1773年）木果木之役，全军溃败，死亡数千人马。温福本人亦中枪身亡，落得个丧师殒命的下场。

大小金川之乱直到乾隆四十一年（1776年）由定西将军阿桂平定，"用帑银至七千万"。为防止土司继续叛乱，加强中央的管辖，清政府在这一地区废除了土司制，改置州县，设美诺厅（后改为懋功县）、阿尔古厅，隶属四川省，从而巩固和扩大了西南地区自雍正以来"改土归流"的成果，加强了边疆和内地的经济文化交流。

温福之死，给勒保、永保两兄弟的生活带来了坎坷，翩翩公子成了覆巢之卵。在那炎凉的世态里，兄弟俩尝遍了人情冷暖，但这两个青年毕竟受过仕途经济方面的熏陶，以期忍辱含垢再建功业。

这时候，曾受过温福援引的和珅，正受到乾隆皇帝的宠信，官至大学士。在和珅的关照下，败将之子勒保保住了兵部郎中的职务，永保仍任吏部郎中。正如古话所说，"百足之虫，死而不僵"，这兄弟俩大有扶摇直上的趋势。当时风气，视进士出身为清流，羞与依荫封幸进的人为伍。

自古冰炭不同器，李调元持身严正，更不愿阿谀奉承，交结权门，终与永保格格不入，敬而远之。一次，因湖南巡抚公文措辞失当，李调元拒不画押。永保见李调元敢顶撞上司，大怒，回明吏部尚书，在考察京官时，将李调元填入"浮躁"一类，加以弹劾。按制，当解职。

李调元不为所屈，不愿趋门求饶，干脆以病乞假，等候处分，避居在宣武门外，收拾行李，做好回乡的准备了。

李调元的心情异常痛苦。佞臣得志，气焰嚣张，怎不叫志士扼腕长叹呢？

李调元又想起传说中那能辨忠奸的指佞草，对这照妖镜一般的劲草，他出仕之初就曾铺张扬厉地讴歌过："禀介节而含芳，抱清标而自矢……引獬豸以同朝，怒豺狼之当道。"李调元不改初衷，虽九死尤无悔。

"京官察考"的奏稿送呈御览。乾隆皇帝对李调元原有点好的印象，便诘问吏部尚书："李调元何事浮躁？"舒赫德回复："过于逞能。"乾隆皇帝复命管领吏部事的大学士程景伊复查回奏。程景伊复奏，该员"意在两议"，"并无别情"。"意在两议"指有不同的看法，这算什么罪？乾隆皇帝仍令李调元任员外郎之职。时人美之为"铁员外"，因他铁面无私，有铁胆、铁肩也。

不久，简放李调元为广东学政。出京前陛见时，乾隆皇帝"训谕周详，告诫谆切"。乾隆四十二年（1777年）九月十三日，李调元欣喜地出京，二度岭南。他真不愿再和永保共事——殊不知几年后他会再次同永保狭路相逢。十一月底，他第二次进入珠江口上的广州城，开始了为期三年的学政职任，主持广东省文化教育工作。

六、除弊奖贤

学政，即提督学政，每省各一人，由侍郎、京堂、翰林、科道、部属等进士出身官员简放，各带原来的官衔品级。

学政"掌学校政令，岁、科两试。巡历所至，察师儒优劣，生员勤惰，升其贤者能者，斥其不帅教者"，负有整饬教育、兴起文风之责。学政要督察各地的书院，主持一系列考试。学政到任第一年为岁考，第二年为科考。

李调元在广州度过新年，饱览了南国群英灿烂、香雪如海的花市，高吟出"海水碧浮鳌背外，粤山青到马蹄前"的佳句。乾隆四十三年（1778年）二月初三，李调元起程前往肇庆府考核所属文武生童生试，然后又依次接考罗定、南雄、韶州、连州各属。六月十八日回府，岁试广州府属。又于九月初十日起程，岁试潮州、嘉应州、惠州三属。次年正月，岁试高州、廉州、雷州、琼州等。至此，李调元不辞辛劳地巡回岁试了全省十府三州。接着，他又于乾隆四十四年（1779年）五月开始，开考科试，直至乾隆四十五年（1780年）七月始将各属科试考完，为广东当年的乡试做好了准备工作。按制度，各省乡试前，凡属于省府、州、厅县之生员与贡监生，需经学政科考选录，准予录送者才可以应考。

在岁、科考试中，李调元铁面无私，严禁舞弊。有一次，在嘉应州发现有"健悍多事、不安本分数人，当即严加处治"。又一次，考试肇庆府属童生时，查出阳江县文童陈肇光雇请"枪手"——嘉应州生员钟庆华冒名顶替为之代作文章。考场上核查其年貌不符,当即将本童、"枪手"拿获,按律审拟。此外,又严禁抄袭之风。其有强悍顽劣干犯者,一律绳之以法。考场风纪,甚为严谨。

禁舞弊,树新风。李调元谆谆告诫士子们"敦伦立品,谨守学规,不许干预外事"。他还悬榜学宫,告示诸生:

> 珠江琼海,堪状文澜,梅岭罗浮,实多钟毓。一班之玉收曾笋,百越之青衿继起。今复黍持衡尺,自问敢诩甄陶。不过弟子之就正于师,无戚可畏;莫言今人之远不如古,有志竟成。大抵试案之程,以文为重;采风之卷,以行为先。礼乐诗书,修之案者献之国……

李调元以身作则,慎重声明:"本院乡关僻处,并无豪贵之亲朋;寒素家风,绝少寄居之宗党。严禁劣棍,冒名招摇、图撞木钟,或门生故吏,夤缘请谒。"并有诗述志云:"犀贝龙珠非所志,我生原是赤穷身。"不爱财,不徇私,这表现了一个教育家的高尚情操。

李调元这次入粤,还有一段奖掖后学、褒旌贤母的故事——

乾隆四十三年(1778年)春,李调元首试端州,得阳春县生员刘世馨的试卷,喜其学有渊源,朱笔将他点为案首。后来进一步了解到,刘生的父亲早丧,母亲谢氏含辛茹苦,抚孤成材。谢氏乃粤东解元谢仲沅的女儿,曾随父学诗,足迹行遍珠崖沿海,著有《小楼吟稿》。

李调元展读才女的诗稿,深有感触,提笔为《小楼吟稿》撰写了序言。在序里,他驳斥了世俗"女子不当学诗"的陈词滥调,指出《诗经》三百篇多出于委巷与妇女之口。其人初未尝学其辞,颇足为法何也?情之正也。这些议论不囿于时代的偏见,为妇女文学张目,其识见有过人之处。

序里还提出一个惊世骇俗的论点:"贤父不如贤母。"为什么呢?李调元以刘世馨和他母亲为例,说明"父贤未必朝夕得以课儿,母贤则终身可以教子","其母之诗既有师承,而又以所学教其子"。李调元讴歌母教,这在盛行"女子无才便是德"的传统观念的封建社会,真是独具识见、特立独行啊!

七、巧补绝联

广东民间还流传着四川才子李调元出任广东学政时巧补绝联的一段趣话。

据说李调元因对府、州、县生员举行岁、科考试，渡海来到琼州（今海口一带）。登岸的地方，系海南岛澄江入海处。一条蜿蜒曲折的溪流，从山岭深处流来，临溪修建有一座"通潮飞阁"。远远望见，飞阁凌空，气势超凡，是当地风景名胜之一。

李调元沿螺旋形石级登楼，石级尽处，拦路立下一座石碑，碑上镌刻着：

半边山，半边路，半溪流水半溪涸

但是，只有上联，未见下联。李调元正自纳闷，前来迎接伴游的府学训导（从八品官）笑着介绍了这石碑的来历。

这石碑有一段文坛掌故——

苏轼晚年因党争之祸，谪贬南荒。哲宗绍圣四年（1097年）四月十九日，苏轼携幼子苏过离开惠州，六月十一日自雷州渡海入琼州。谪居三载，于元符三年（1100年）奉令转徙廉州。

苏轼返程中曾登临此阁，题有《澄迈驿通潮阁二首》：

（一）

倦客愁闻归路遥，

眼明飞阁俯长桥。

贪看白鹭横秋浦，

不觉青林没晚潮。

（二）

余生欲老海南村，

帝遣巫阳招我魂。

杳杳天低鹘没处，

青山一发是中原。

就在苏轼登临飞阁、鸟瞰沧海之际，忽然遇着来此的云游僧人佛印。佛印见苏轼归心似箭，有意难他，随口吟出石碑上那则上联，要他对出下联。

苏轼听罢，苦思冥想，久不能对。然而，开航的时间到了。苏轼无奈，只好叫人树了这块碑，碑上刻下这则上联，以待来者。

石碑立此，时隔数朝，难坏了许多骚人墨客、才子词人，他们立在这儿冥思苦想，均不能对就下联。

"苏学士盖世雄才，难道真的'江郎才尽'了？"李调元听罢喃喃自语，摇了摇头。

"学政大人才思敏捷，又同东坡居士是同乡，或可将下联对出，以成全璧。否则，真无面目对此海光山色哩。"那训导狡黠地笑着说道，两撇胡须，得意地颤动起来。

李调元听出了训导的弦外之音，存心不良，是要刁难自己，意图挫辱一番。

李调元望着石碑，略一沉思，含笑说道："这下联苏学士早已对好了。可惜世人不察，枉费心机，有眼无珠耳！"

"这……"

训导和周围的人一齐拥向石碑，上下左右看了好一会儿，结果仍没有看出只字片言。

“下联在哪儿呢？请学政大人明示。”

“眼前景物，天然巧对呀！”

众人依旧不知所云，面面相觑。

训导冷冷地嘲讽道："哪有什么无字对联，自欺欺人耳！"

李调元看了这个腐儒一眼，指着石碑说："苏学士的立碑用意是启发我们动脑筋联想。眼前景物不是说：'一块碑，一行字，一句成联一句虚'吗？"

“对得好，对得好！”

“工整贴切，天衣无缝！”

在众人的赞许声中，那位训导无语低头，羞红了脖子。

八、放猿

　　清澄的河面上，漂来一只官船。船行驶在峡山，两岸林木葱郁，幽静极了。山巅上忽然传来一声猿啼，船舱内传出回应声。啊，舱内一张木几上，怎么蹲着一只遍体纯黑的猿猴呢？

　　船舱内一个官员正在一块木牌上写着蝇头小楷字，听见猿啼，看看眼前的青山绿水，他凄苦地一笑，转身向着猴儿说："小黑，这地方清幽得很，你也喜欢吧！……"

　　这官员就是李调元，他于乾隆四十二年（1777年）八月奉命督学广东。到任之后，他在各州府校试文武生员。有天散步在高州街头，见一老者牵只小猴出卖，一个肥头胖脑的食客，正在和老者讲价。食客嫌猴瘦小，吃"猴脑"不划算……猴儿精灵得很，像也预感到自己的厄运，眼泪汪汪，巡视着周围的人。突然，它爬到李调元的脚下，像求救似的，用两只前脚往胸前一抱，接连向李调元作揖。卖猴的老者忙说："老爷，猴儿识贤主，你买下它吧，它乖觉得很呢！"围观的人也齐声附和，有意无意地嘲讽胖食客："它还小，伤生害命，要不得。"胖食客惹了个没意思，咂咂嘴，溜走了。就这样，猴儿便跟着李调元回到官署，因它毛色纯黑，取名"小黑"。

　　这猴儿随着李调元，朝夕共处，一高兴起来，便跳向空中翻筋斗。花朝月夕，登山临水，它都伴随主人。时光飞逝，小黑已长成壮健的大猴了。而按当时的制度，提学使三年一任，任期满后要回京复命。这些日子，李调元心绪不宁，他不知如何处置小黑。带它上北京吧，眼下已是秋天，往北去一天冷似一天，这生长于南国的猴儿，怎禁得住北方冰封雪冻的严寒？何况小黑平常多以荔枝为食，其他的食品均不下咽。离开广东，哪里去找荔枝呢？

可是李调元真难舍这个伴侣呀！人和猴已结下了深厚的情谊。一次，有偷儿来盗窃李调元苦心搜集的古玩，是小黑警觉，扔出卵石击打偷儿，把主人惊醒，护住了这些宝贝。还有，每当主人背着手在庭中踱步推敲诗句时，小黑便灵巧地去至房中，把文房四宝拾掇好，以便主人书写诗文。

携带它北上，岂不害了它，不是饿死便是冻死。

最后，李调元决定寻一灵境，纵猴归山。他做了一面木牌，并题写了一首七律《放猿》：

> 啸咏相从已二年，
> 野宾忽去转凄然。
> 预知过岭难寻荔，
> 故遣攀岩任饮泉。
> 喜暖为生南海地，
> 畏寒岂惯北风天。
> 此山旧有归猿洞，
> 逐伴追随好听禅。

写毕，李调元将木牌挂在小黑脖子上，他的手颤抖得很厉害，挂了好几次才挂上，他顺势深情地抚摸着猴头，小黑和往常一样依偎在主人的怀里。少顷，李调元声音哽咽地吩咐船工靠岸。

像往常的旅行一样，船靠岸，猴儿先跳上去。峡山那布满灌木丛的荒野，唤起了猿猴遥远的梦，它兴致勃勃地攀缘上一株大树，在树上翻筋斗，得意地长啸一声。……可就在这一刹那间，它发现白帆移动，船行驶到江中去了。小黑忙从树上跳下，直奔江边，可是迟了。它被波浪阻隔了。于是，它沿江岸追逐着，哀叫着，像一个伤心的孩子。

　　船儿去远了。它只看见主人的胡须被江风吹拂着，主人的手久久地举在空中，瘦削的肩膀还在微微地颤动……

第四章

通永道上

遭诬蒙冤，充军新疆伊犁，幸得贵人相助，家人以万金赎归。李调元本可等待时机重入仕途，但他的心碎了，不愿再入是非之地，决定退隐罗江，白首著书。

一、编刻《函海》

李调元宦游京师的前后，正是清朝国力鼎盛的年代，亦是大兴文运、昌明学术的承平之世。李调元著述丰富，是和他植根于丰腴的社会历史土壤分不开的。

乾隆朝弘扬文化的功绩之一，是纂修了一部卷帙浩繁的官书——《四库全书》。

乾隆三十八年（1773年），朝廷开设四库全书馆，着手编纂《四库全书》，任命皇室郡王及大学士为总裁，六部尚书及侍郎为副总裁。实际上以主要编纂官纪昀（字晓岚）出力最多。先后在馆中担任纂修职务的三百六十人中，有不少著名学者，如戴震、邵晋涵、姚鼐、朱筠、王念孙、任大椿等，其中不少人是李调元的朋友、同年。

《四库全书》的定名，缘于唐玄宗在开元年间收罗图籍，分藏长安、洛阳两地，"两都各聚书四部，以甲、乙、丙、丁为次，列经、史、子、集四库"，后因称四部书为四库书。

四库馆开，除启用朝廷藏书及《永乐大典》外，各省采书、献书，坊间销售书，空前活跃，形成尊重知识、发扬文化的风气。

《四库全书》开馆之际，李调元除了短期离京去广东，大部分时间都在京城或京郊的通永道上。李调元是一个爱书成癖的人，自从乾隆二十八年（1763年）通籍（籍，记名的竹片，挂在宫门外，以备出入时查对，后来称初做官为通籍）

后，居住京师，暇时的一大乐趣便是逛厂甸，"遍访异书"，购买回来，手自校录。在这一点上，李调元和父亲李化楠很相像。李化楠在浙江做官时，"以川中书少，遍购古今书籍数万卷，以舟载至家，造万卷楼以藏之"。父亲曾笑指藏书说："此吾宦囊也。"

买书之外，李调元又不断借书、抄书。一些参加编纂的同年、朋友给他提供了方便。李调元由广东学政任满，于乾隆四十五年（1780年）擢升为直隶通永道。道署在京师附近的通州，"去京咫尺，而向在翰院同馆诸公，又时获鳞素相通，因以得借观天府藏书之副本，每得善本，辄雇胥录之"。

每当从京城借到一部善本书、孤本珍藏，李调元喜悦得如同会见了仰慕许久的朋友一样，常常是坐在颠簸的骡马车厢中，一口气读下去。回到寓所，或自己笔录，或请人抄写。

李调元特别关注乡土文献，刻意搜求巴蜀耆老的著作，如对乡贤杨慎遗书的访求不遗余力。李调元曾说："予生平读其书而好之，凡世所传者，除丹铅各录外，所见寥寥。数十年来，广为搜辑，或购之友朋，录聚帐中，以代饴枕，有日有年矣。部帙浩繁，恐千载而下，终归散失……因将所见之四十九种先为刊行。"景仰先贤，矻矻穷年，惨淡经营，李调元是有其特殊的苦心的。

原来，明末兵祸战乱，四川元气大伤；清初，吴三桂作乱，四川又遭蹂躏，致使清初百年间，四川经济、文化比一些省份落后许多。康乾之际，朝廷的薄赋轻徭、移民垦荒虽使经济复苏，但振兴蜀中文化还未能提上日程。较之南北先进省份，四川书院少、书籍少、人才少。江南的一些读书人，视西蜀为闭塞之地，粗俗无文，瞧不起四川生员。这件事对李调元也是一个很大的刺激。

李调元的同年祝芷塘在《题罗江醒园》里曾发问：

凋零双桂后，

若个主西川？

双桂堂是明代新都状元杨慎府邸中的一座建筑。这两句诗的意思是说，杨慎谢世两百年了，有谁继他之后，崛起于西蜀呢？祝芷塘的用意很明白，就是寄希望于醒园主人李调元，把由于明末清初的战乱灾荒而萎靡不振的西蜀文化复兴起来，继往开来。

李调元将朋友的期望作为鞭策自己的动力，以精卫填海的精诚，要为西蜀文化添一宝库。

任直隶通永道期间，李调元毅然将镌板刻书的计划付诸实施。他亲手编成《函海》，所收以四川人著作为主：首列自晋代至明代未刻蜀人著述，次为明代杨慎著作，又次为各家已刻而流传不广之书，最后则为李调元自己的著述。李调元用自己的薪俸买来梨木和枣木，聘请工匠林某为首来招募工役，解板刻字。

木板堆房垒屋，木香透庭溢院，李调元眼看心血浇灌的幼苗正在舒展、拔节，含苞欲放，他像辛勤操劳的农夫，憧憬着收获的喜悦。

李调元何曾预料到，好事多磨，一声不及掩耳的霹雳，就要在他头顶炸响！

二、铁牢沉冤

蒙冤下狱，问罪充军，流徙新疆伊犁，这是李调元一生的大挫折。由于言之心酸，他对此事的具体过程，语焉不详。

于是，此案给人留下一个扑朔迷离的难解之谜。

乾隆四十七年（1782年）十二月初五日，出任直隶通永道已两年的李调元在通州的道署与家人团聚，庆贺自己四十八岁生辰的时候，他突然被逮捕了，披戴枷锁上路，被押往直隶省省治所在地——保定。

李调元获罪的原因，在罗江举人杨懋修的《李雨村先生年谱》里有一段粗略的记述：

> （乾隆四十七年）五月，又奉旨送《四库全书》一份赴盛京，至卢龙遇雨，黄箱沾湿，以县令郭立泰护送不谨，请题参。而永平府弓养正颇涉迟疑，不予印结。臬司某谓先生曰："知府徇，宜并劾之。"弓闻，怒曰："道府一也，何多让焉！"亦讦先生十，相对揭。先生落职，弓亦一坐台。

按清制，道员职司巡警，兼管驿传、河务、海防、屯田，并协助省里的藩司（布政使司）、臬司（按察使司），"核官吏，课农桑，兴贤能，励风俗，简军实，固封守，以帅所属而廉察其政治"。直隶通永道辖通州和永平府的一州六县（滦州、卢龙县、抚宁县、昌黎县、乐亭县、临榆县、迁安县），为京师通往辽东的咽喉地带。

通永道的辖区主要是永平府。永平府府治在卢龙县，故知府与卢龙知县同城而驻，关系密切。知府是从四品官，与四品官的道员相差无几。

提刑按察使司按察使，省各一人，正三品官。按察使掌振扬风纪，澄清吏治，兼领全省驿传。

奉旨运送钦定《四库全书》一份至盛京（今沈阳），通州、永平是出山海关的必经之路，沿途地方官员都有护送的责任。偏偏五月的一场霖雨，在卢龙县将装《四库全书》的黄箱沾湿，乃大为不敬。层层追查责任，道府县三级官员都难辞其咎，而主要的责任应落在卢龙县令身上。

于是，李调元在修本中题参了卢龙县令郭立泰"护送不谨"，并知会永平知府弓养正一同奏举上达。弓养正拖延着迟迟不予盖印。李调元只好将详情汇报给前来查问的按察使——这时的直隶按察使不是别人，正是李调元命中的"灾星"永保。

永保比当年在吏部任郎中时更老练了，他摆出一副严正的模样，对李调元说："既然是知府徇情，庇护知县，那就将他两人一起参劾。"永保转而又去挑动弓养正，将此事泄露出来。

雨湿黄箱是导火线。永保煽燃阴阳火，一箭双雕，唆使道、府二员互相揭发，扩大了事态。

弓养正为了报复，不择手段，捕风捉影，给李调元罗织了"十款"罪名，但由此搅起一场轩然大波。单就雨湿黄箱（箱内书卷并未受损）而言，李调元充其量受到申斥、降级处分。然而永保依据"十款"裁诬之词，报与直隶总督冯英廉（和珅妻子冯霁霁的祖父），转奏朝廷。乾隆皇帝看罢一面之词，勃然大怒，下旨将李调元罢官监禁，另行议罪。次年春，定罪流徙伊犁。

那么，这"十款"的主要内容是什么呢？

李调元在《与董蔗林同年书》中称："自通州解组（指罢官）以来，本无赃累，原可捐复，但以事类于贿，恐一朝失足，贻误终身，是以浩然归里。"在另外的文字中，也曾强调自己"本无赃累"。

"本无赃累"是指最后查明，然则"十款"之内，必定曾诬陷以"有赃累"，因之才激怒皇帝，迅即丢监、治罪。

只是审理案件中，最终查不出李调元贪赃之累，只发现通永道有"亏空"的款项。所以，其结果，一方面是弓养正也"坐台"受罚，另一方面是责令李调元"赎以万金"。

什么叫"坐台"呢？台，此处指御史台。坐，此处特指办罪的因由。《左传·昭公二十三年》有："使与邾大夫坐。"杜预注："坐，讼曲直。"坐台，即谓御史办其不实之罪。弓养正也自食恶果。

勒令李调元"交纳万金"，不是退赃，其理已明。但他所辖境内银库亏欠，所以责令赎纳，这却叫他有口难辩、有苦难言，"打不出喷嚏来"。这是永保变着法儿惩治他的一个奸计。在清人笔记里有大量记载：凡地处水陆津隘的交通枢纽之区，都存在"库亏"的现象。通州为畿东首冲，拱卫神京，扼控关塞，皇华大道上翠华时临，王公假道，大臣莅境，都需供应开销，临行还要馈送土仪；历任都挪用库银，事后填补不足，匆匆离任而去，亏空留与下一任。相习相因，成了一笔算不清、理不顺的糊涂账。

这里有一个有力的旁证：

康熙四十九年（1710年）廷议江南许多府库亏空时，康熙皇帝做了调查之后，对分管此事的官员张鹏翮说：

> 朕屡次南巡，地方官预备纤夫，修理桥梁，开浚河道，想皆借用帑银，原冀陆续补足。而三次南巡，为期相隔不远，且值蠲免灾荒，所征钱粮为数又少，填补不及，遂致亏空如此之多。

被弓养正参奏的"十款"中，"工部核银千锾（古代每六两为一锾）"便属于这一类型的亏空。据《雨村诗话·卷十》，"余发伊犁，曾走二百里送至涿州，馈费百金，并代完工部核银千锾"。

值得注意的是，"十款"之中有一款是指责李调元令"沿途地方官备大班小唱"，即李调元爱好戏曲，每到一地，要戏班清唱，这本是研究民间戏曲，谈不上犯罪，何况乾隆皇帝还调戏班入京，庆祝皇太后大寿。有这一款，说明其对手罗织罪名，无所不至；也说明李调元归田后，为何要组织家伶，"自敲檀板课歌童"，盖发泄愤怨是其原因之一也。

"十款"上达御案，乾隆皇帝于四十七年（1782年）十二月十六日降旨曰：

> ……朕以该员系边省之人，不善迎合上司，容或有之。孰意该员不知感激奋勉，恪尽职守，竟敢恣意妄行，骚扰所属州县，并纵容家人胥役需索门包使费，种种劣迹，实出意料之外。此等扰累属员，滥索供应，在督、抚如此，尚必严加惩治，何况道员？且李调元弃瑕录用之人，乃竟辜负朕恩，肆意妄行如此！李调元革职拿问。

"十款"中能够坐实，在会审时李调元招供的是：家人吕福等需索门包，家人吕福、衙役喜吉升皆每人各得十五两不等。案遂定。李调元虽属失察，与故纵无异，发伊犁，充当苦力。弓养正以事出挟嫌反噬，并非为公，应革职，发往军台效力赎罪。郭立泰革职。吕福与喜吉升俱拟发厄鲁特为奴。

乾隆四十八年（1783年）二月一日，李调元被押出直隶省臬司狱，次日转押至刑部监狱。三日，发遣伊犁。行至涿州，李调元病重，暂止于涿州。二月十六日，李调元继母遣侄孙朝全去直隶总督袁守侗处呈请，愿变卖家产捐银二万两为子赎罪。袁公奏达。

此案之错综复杂的关系如上所述。

永保、冯英廉位居要津，以上陷下，以大压小，以众凌寡，真是一手遮天。李调元孤掌难鸣，有口难辩。啊，指佞草，"惯经雨打，弱不须扶；便遇霜欺，柔亦能胜"，真成了李调元的象征。

遭受不白之冤，陷身保定铁牢，拟定流徙新疆伊犁。李调元百感交集。这冷酷的人间，还有公道吗？他感叹道："于人非不浑厚，而浑厚反得刻薄之报。于己非不敛迹也，而敛迹反招侮辱之来。微有虚名，而即以名见困……"

哀哉，一代文星的际遇。

是吉人自有天相吗？一个机缘，使李调元绝处逢生。新任直隶总督袁守侗向他伸出了救援之手。

袁守侗与李调元有一段相知相交的机缘，在袁守侗之后，我们还将结识一位仗义分金的血性男儿。

三、归田酬知遇

乾隆三十一年（1766年）秋天，吏部尚书袁守侗的签押桌上放着一份新授文选司主事的履历，上面写着：

李调元，四川罗江人。癸未科进士，庶常，散馆授吏部主事。……

看见李调元这个名字，袁守侗觉得很熟悉，他极力在记忆深处搜寻。

往事涌上心头。几年前，袁守侗任吏部侍郎时，曾因公路过成都，住在锦城皇华馆。一天下午，他在书坊购回一部新印的《李太白集》。旅居清寂，他当晚便在灯下翻阅，对卷首序文赞不绝口，再看序文作者，却是两个名不见经传的后进：生员李调元和邓在珩。袁守侗暗暗赞叹：西蜀不愧灵秀所钟之地，江山代有才人出。几天后，袁守侗进京复命。这部书伴他度过了几载岁月。

想到这里，袁守侗立刻接见李调元。他见李调元气宇轩昂、举止凝重，接谈时对答如流、俊语若珠，心中欣然，大有相见恨晚之慨。

袁守侗亲切地对这个晚辈、下属表示：虽然今天见面，但与你神交已久，我早已读过你为蜀版《李太白集》所写的序。你的立论、文采，比之古人，毫不逊色。

从此，袁守侗对李调元另眼相看，颇为器重。不久，袁守侗调离吏部，出任河东漕运总督。

乾隆四十五年（1780年），李调元外放直隶通永道，恰好袁守侗也调任直隶总督。二人重逢，共叙别情，交谊更深。可惜袁、李间的第二次遇合，时间很短。因为是年袁母病逝，袁守侗丁忧回籍。不巧，李调元宦途的厄运在此时降临。

性情耿介、为官清正的李调元在通永道任上发现下属太平府知府弓养正有违法事，据实向按院告发。不料弓养正反诬李调元"账目不清"，对其攻讦。

此时的直隶总督是冯英廉，他与和珅是亲戚。而主管刑法的按察使永保又党附和珅，对李调元亦早有积怨。奸徒们沆瀣一气，凭借手中的权势，罗织罪名，请旨将李调元削职查办，投入监牢。缉拿李调元这天，正逢其寿辰，当日苦况正如他在《忆昔和三弟墨庄苏州寄怀原韵》中所记：

> 歌筵尚未彻，别去如风樯。
> 夜宿马驹桥，疲极始投床。
> 晓渡永定河，广只一苇航。
> ……

通永道的亏空，李调元并无染指之嫌，但他在通永道任内，也确有"枣梨之灾"，那就是用薪俸聘请镌匠刻书，刻成了他多年来经营的《函海》。

"正舒云翮看扶搏，忽蹶霜蹄遭谴罚"。李调元蒙诬陷，悲痛欲绝，呼天不应，被押到保定，银铛入狱。时值乾隆四十七年（1782年）岁暮。

铁窗禁锢得了李调元的身躯，又怎能羁绊住他飞扬的神思！李调元知道，牢房的北面，潞河在冰层下仍不息地流淌。李调元的四川同乡、前明正德年间新都状元杨慎当年因议大礼获罪，就是从潞河之滨踏上流放道路的。从京师至滇南，相去数万里，经历了多少艰难险阻，可是，杨慎藐视困难，不向厄运低头，且在放逐的环境里，殚心写作。其著述之丰，明代数第一。

"艰难困苦，玉汝于成；盘根错节，始见利器！作生活之强者，庶几无愧乎乡贤。"诗情，在毁灭诗的地方，又傲然萌发。李调元继续吟哦着，像春蚕吐出生命之丝……

李调元在狱中关禁了两个月，后被发往边疆伊犁充军。乾隆四十八年（1783年）二月初一，李调元坐上囚车，迎着漫天飞雪，冒着戈壁滩吹来的凛冽北风，向荒寒的西陲驶去。他为不能与天各一方的亲人诀别而椎心泣血，他为耗尽毕生精力、财力编成的《函海》虽已刻成木版而未能付印、眼看功亏一篑而痛心疾首……

然而，随着春回大地，出现了阴差阳错的突变：恰在这时，冯英廉病死，袁守侗又回任直隶总督。袁守侗深知李调元的冤屈，当乾隆皇帝在黄新庄召见时，袁守侗冒颜为李调元求情，称赞他"学问尚好，彼处称为才子"，乞求允许赎罪，让他还乡著书立说。乾隆皇帝为袁守侗奏言所动，俯允所请。于是袁守侗遣人星夜去追赶囚车，释放李调元于流放途中。

按当时制度，罪官蒙恩，可以缴纳赎金，免去充军遣戍，且可等待时机，恢复官职。李调元出狱后变卖家私，又四处告贷求援，终于凑足"万金"，交纳藩库，赎回了自由之身。李调元本可以重入仕途做官，但是，他的心碎了。李调元思念家乡，怀念天府沃土。李调元正想去袁府辞谢，蓦地一声霹雳：袁守侗旧疾忽发，遽然辞世。李调元悲痛万分，他备了祭奠品，拜祭于灵前。瞻仰着援引后进、以诚待人的上司的遗容，李调元下定决心，归田酬知遇，编印好《函海》这部丛书，遗惠后学。

李调元噙着血泪，赋诗以奠亡灵：

> 清德名门柱石才，一朝星陨共嗟哀。
> 举朝尽讶长城坏，故吏尤悲泰岳颓。
> 曾荐祢衡云汉上，能教李白夜郎回。
> 平生不作然灰梦，世更何人解爱才！

四、仗义分金赎刻板

李调元蒙冤下狱，拟定流放新疆伊犁充军时，一些旧交，或袖手旁观，或幸灾乐祸，甚至有人落井下石。惨遭上司迫害的李调元于逆境中更看清了人情冷暖、世态炎凉。然而，犹如泥沙里亦有闪光的金砂一样，在患难中李调元也感受到了真挚的友情的温暖。

青年时代的李调元在成都锦江书院读书时，结识了一位沉静寡言、笃于情义的同学——陈琮。陈琮，字国华，号韫山，四川南部人，于乾隆二十一年（1756年）四川乡试时考中副榜，后来被挑选为治理河道的佐史，官至直隶永定河道员。当陈琮获悉李调元无辜遭谴，特地冒着风雪严寒，从两百多里外赶到保定狱中看望他，并赠送路资。陈琮为减轻流徙者的愁苦，接着又去通州照看寄寓在那儿的李调元的妻室儿女——李调元的第六个女儿曾口头许婚于陈琮的儿子。

陈琮来到通州李寓，只见庭院中间横陈竖放着堆积如山的印书用的木刻版。一个姓林的工头在院中吵闹，气势汹汹地向李调元的家眷索取镌刻字版的工钱，否则明天便要将字版拉走，卖与别人当柴烧……陈琮见此焚琴煮鹤的场面，心里一阵阵酸痛。

陈琮知道，李调元为编纂《函海》、刻板印书，倾尽了全部的心血。

《函海》是一部规模宏大的学术总构，皆蜀人未入《四库全书》之作。《清史列传》称赞李调元："蜀中撰述之富，费密而后，厥推调元。"

陈琮清楚，经过明末清初的战乱、灾荒、瘟疫，四川全省极其荒残，十室九空，人口锐减。清初百年间朝廷鼓励南北各省移民入川，开荒辟土，物质生产得到恢复，但蜀中文化还远远没有复兴。在这样的历史条件下，李调元编刻这部《函海》，对于振兴蜀学、弘扬乡土文化，无疑具有特殊的价值。

暮色苍茫，寒风凛冽。陈琮点燃了风雨灯，在书房内、大厅上为李调元清点著述。其中一部分已印成书籍，一部分还是枣木、梨木刻成的字版。

李调元著述真多。陈琮为老朋友开了一份长长的清单——

乾隆二十一年（1756年）以前完成者：自刻印《李太白集》，作了一篇精彩的序。

乾隆二十八年（1763年）以前完成者：

辑《蜀雅》三十卷、《易传灯》四卷、《古文尚书》十卷、《程氏考古编》十卷、《敦文郑氏书说》一卷、《洪范统一》一卷、《孟子外书》十卷、《续孟子》二卷、附《伸蒙子》三卷、《大学旁注》一卷、《月令气候图说》一卷、《尚书古文考》一卷、《音辨》二卷、《左传事纬》四卷、《夏小正笺》一卷、《周礼摘笺》五卷、《仪礼古今考》二卷、《礼记补注》四卷、《易古文》三卷、《逸孟子》、《十三经注疏锦字》四卷、《左传官名考》二卷、《春秋三传比》二卷、《蜀语》一卷、《蜀碑记补》十卷、《中麓画品》一卷、《博物要览》十二卷、《补刻金石存》十五卷、《通俗编》十五卷、《六书分毫》二卷、《古音合》二卷、《尾蔗丛谈》、《奇字名》十二卷、《四家选辑》十二卷、《方言藻》二卷、《瑾户录》一卷、《醒园录》一卷。

乾隆三十二年（1767年）以前完成者：

《唐史论断》三卷、《藏海诗话》一卷、《山水纯秀全集》一卷、《月波洞中记》一卷、《蜀梼杌》二卷、《翼元》十二卷、《农书》三卷、《刍言》三卷、《常谈》一卷。

乾隆三十四年（1769年）完成者：

《江南余载》二卷、《江淮异人录》二卷、《青溪弄兵录》一卷、《张氏可书》一卷、《珍席放谈》二卷、《鹤山笔录》一卷、《建炎笔录》三卷、《辩诬录》一卷、《家训笔录》一卷、《旧闻正误》四卷。

乾隆三十六年（1771年）完成者：

辑《建炎以来朝野杂记》上、下共四十卷，《州县提纲》四卷，《诸蕃志》二卷，《省心杂言》一卷，《三国杂事》一卷，附《三国纪事》一卷，《五国故事》二卷，《东原录》一卷，《肯綮录》一卷，《燕魏杂记》一卷，《夹漈遗稿》三卷，《龙拿手鉴》三卷，《雪履斋笔记》一卷，《日闻录》一卷，《吴中旧事》一卷，《鸣鹤余音》一卷。

乾隆四十六年（1781年）以前完成者：

《世说新语旧注》一卷、《山海经补注》一卷、《庄子阙误》一卷、《古隽》八卷、《谢华启秀》八卷、《哲匠金桴》五卷、《均藻》四卷、《谭苑醍醐》八卷、《转注古音略》五卷、附《古音后语、古音丛目》五卷、《古音猎要》五卷、《古音附录》一卷、《古音余》五卷、《奇字韵》五卷、《古音骈字》五卷、《古音复字》五卷、《希姓录》五卷、《墨池璘录》二卷、《法帖神品目》一卷、《金石古文》十四卷、《古文韵语》一卷、《风雅逸篇》十卷、《古今风谣》一卷、《古今谚》一卷、《丽情》一卷、《然犀志》二卷、《异鱼图》六卷、《补刻全五代诗》一百卷、《翼庄》一卷、《古今同姓名录》二卷、《素履子》二卷、《说文篆韵谱》五卷、《古算经》一卷、《主客图》一卷、《苏氏演义》二卷、《淡墨录》十六卷、《出口程记》。

陈琼知道，李调元百岁光阴才半纪，在未来的岁月里，他还将有许多的新著问世。李调元的著述是一座座丰碑，将在巴蜀文化史册上耸立。

"调元事业继升庵"，陈琼不断吟哦着。

怎能让老朋友的心血付诸东流？怎能让这极有价值的丛书毁于一旦？

惨遭明末兵燹、刚刚复苏的巴蜀故土多么需要《函海》这样内容丰富的学术宝库呀！

陈琮立即找来姓林的工头，与他交涉，表示愿意筹款，付清欠资，不许他擅动一块刻板。陈琮当天便乘马驰回固安——永定河道署所在地——煞费苦心地凑齐了三百两纹银，付完刻字工钱，将字版交与李调元的弟弟李鼎元。

李鼎元被陈琮仗义疏财、患难相助的情谊深深感动。

对于这位同乡，李鼎元是相当熟悉的。笃重情谊的陈琮，在殚心职守方面亦颇有声誉。陈琮曾考察历代疏浚河流的经验，并总结自己游宦生活实践，用三年时间编写了《永定河志》。而乾隆皇帝巡行天津，曾召见陈琮。他在行宫面奏了治理海河、护河防洪以免京师受淹的具体建议，并呈献亲手绘制的永定河全图。陈琮经世致用的才能，获得乾隆皇帝的嘉许。乾隆皇帝还读过陈琮写的一首诗《观涨示僚属及士卒》：

> 万丈洪涛卷地来，此中谁是济川才？
> 每劳顾问关宸虑，忍使提防费圣裁。
> 半载莫辞精力瘁，十年差免雁鸿哀。
> 雄心拟借钱王弩，不信猪龙射不回！

陈琮就是这样一个关心民瘼、忠于职守的官员，他的事迹在四川京官中广为流传。

李调元身心交瘁地回到通州，发现《函海》居然完整无缺，抚"版"怀友，百感交集，止不住两行热泪扑簌簌洒落字版上……

一些势利小人听闻李调元获释，赶来相贺。看透了世态炎凉的李调元，一概挡驾。他决心将字版运回故乡，从此退隐罗江，白首著书。

行前，李调元专程去固安辞别肝胆相照的陈琮。老朋友相对唏嘘，恍如隔世，并将一子一女联姻聘定。

把盏话别，临歧握手，从此云天阻隔，相会何年？李调元口占一首七律留别老友陈琮：

少同肆业老同官，臭味原来共胆肝。

百世朱陈互婚娶，两家子弟尽芝兰。

不须痛饮心先醉，欲话分离鼻已酸。

自古急流须勇退，上滩容易下滩难。

第五章

退隐罗纹江畔

故乡的山山水水，抚慰了李调元的心，他脱去乌纱帽，如鸟出笼，心远地自宽。他创建戏班，营造困园，编写剧本，与友交游，好不自在……谁知农民起义兴起，贼人乘机火烧万卷楼，毕生心血付诸一炬，再加上家庭纠纷，内忧外患，让李调元病卧床头。悲哉，一代文星陨落。

一、山水诗与风情画

周南篇首，托兴雎鸠；楚客词中，寄情兰茝。李调元如脱网之鱼，重返故渊，"妇子团圆如梦寐，此身恐有未招魂"，从此潜居罗纹江畔，隐身山林，经营困（困为渊字的古写）园，写下了不少描写幽栖生活和自然景物的山水诗，描绘了一幅幅西蜀风情画。

"今日归家谁是客，鸥来隔浦鹭来汀"，表现了诗人"侣鱼虾而友麋鹿"的旷远情怀。李调元经营困园，煞费苦心，像垒成小巢的紫燕，他欣喜地写下这首《困园杂咏》：

> 困园初筑亦悠然，地狭偏能结构坚。
> 叠石为山全种竹，穿池引水半栽莲。
> 拈花偶笑人称佛，戴笠行吟自谓仙。
> 曾到眠山游脚倦，此生只合老丹铅。

远离尘嚣之外，李调元并没有心如死灰、虚度光阴，而是将精力贯注在著述里，时常是夜以继日地呕心沥血，像春蚕吐丝作茧。清溪草堂的灯光，伴着李调元度过几多不眠之夜："草堂溪水清，照见溪上屋。幽人正著书，灯光映修竹。"短短二十个字，成就了一幅诗人寄情翰墨的自画像。

李调元时常出游，家乡的山山水水、名刹古迹，牵动着诗人的情思。"摩碑思补史，谙药解笺骚"，旅途中断崖金石、花木药草，给诗人以启迪。李调元原是博物多识的学者啊！

而静穆的大自然，更触发了李调元的诗情。《夏日村行》十分细致地再现了李调元一瞬间观察到的自然景物：

> 日上平林似火然，
> 草根珠露尚涓涓。
> 偶来细径携筇过，
> 无数虾蟆跃入田。

此诗画面优美，音节响亮，而且具有动态美。

李调元的诗，不以华丽的辞藻取胜，而以优美的意境动人，即所谓"清水出芙蓉，天然去雕饰"。一些好的绝句，清新自然，明白如话：

> 榉柳当天日正中，
> 浓阴也算小苍穹。
> 乘凉不用蒲葵扇，
> 享受人间自在风。

读这些明净的诗句，一股自在的凉风，扑面吹来，给人以萧疏清淡的美感，不黏滞、不枯涩，表现了玄妙空灵的智慧，返璞归真的心态。

如写"磨罢秧田平似掌"的原野，"道衣肩搭来松杪"的僧人，"刺绣才完将砚池"的才女……李调元均能捕捉到描写对象的特征，有细腻入微的功力。

名山古迹的题咏，也增添了李调元山水诗中的苍茫古意、沉雄豪放。在罗江八景中，有一处"潺水秋风"。潺亭在县北三里，下临泞、潺二江汇流处，其侧有古金雁桥，隔江与鹿头关遥遥相望。这一带为三国争战地。李调元登临亭上，慨然想起古之豪杰，写下一首豪放的五言律诗：

不尽双江水，潺潺日夜流。

地遗王霸迹，天入古今愁。

雨过喧鱼嘴，云开见鹿头。

倚栏无限意，灯火起城楼。

    此诗笔力雄健，直追盛唐，在咏颂双江形胜的诗篇中，当推佼佼者。

    在山水诗篇中，因融入诗人自身的情感，时有不同凡响的佳句。李调元题嘉定大佛岩的结尾，忽作惊人之笔："堪笑金人成佛后，葛藤依旧满身缠！"藤牵佛岩，原是自然现象，游人都习以为常。诗人独具慧眼，联想到修成金身的大佛，犹且有藤蔓去纠缠、污秽，何况浊浑的人世间？"群沙秽明珠，众草凌孤芳"，"白璧竟何辜，青蝇遂成冤"！李调元笑金佛，实则自笑。这笑，是自我解嘲？是借他人之杯浇自己的块垒？这笑，笑中有泪，泪中有恨，感情深沉，凄恻动人。

    李调元流连山水、题咏风物之际，接触了下层社会的劳动人民，和他们建立了深厚的友谊。

二、题壁诗画寄深情

"如今改换山人号，呼我童山我自安。"这山野散淡的诗人，或荷锄栽花，或沿江垂钓，或携伶出游，遍访川西北名山大川，"此身只合名山老，着破棕鞋又草鞋"。

退隐十年间，李调元未去达官贵人府邸趋奉；和一般官绅的应酬，也不是很多。从李调元的诗文中，可以看出他所交游的多是中下层社会的芸芸众生，接触的生活面较为广阔。

李调元仰慕豪杰之士，在故乡遇见曾随名将岳钟琪出征的老将李仕伟时，曾倾盖相交，深相接纳，并为其题写四首《科头松下照》。其一曰：

> 昂藏古松下，矍铄哉此翁。
>
> 秋风昨夜起，剑戟忆崆峒！

诗中表现了烈士暮年、壮心不已的情怀。

同时，李调元又有"禅床挂单"之逸兴，常与僧道过从，谈经说神，吟诗操琴。据《安县志》记载，李调元曾向安县塔水桥荧惑宫僧人月上学琴。

在安县睢水关，李调元访问挑炭翁，十分同情他们，曾写下洋溢着人道主义精神的《担炭行》："斑白亦负载，单衣才至骭……满面烟火色，十指黑如淀。"对他们胼手胝足、仅得半饱的愁苦寄予深深的同情。

由于李调元与民众苦乐相通、推心置腹，"割漆山翁"、"铸炉炭客"、猎人、栈房主人、茶农、酒保……都把李调元当作朋友。李调元每到一处，都受到山民们的真诚款待。

《入山》一诗里，李调元如实地记述道："父老知我至，招呼相逢迎。彼此邀还家，以我为人情……草书不入格，亦复龙蛇惊。何以为润笔，村醪浊复清。烹鸡冠爪具，蒸豚椒姜并。"主客和睦，情浓于酒。古朴的乡风，使诗人无拘无束，领略到民间的人性美。

李调元乘兴而来，兴尽而返，"虽在林泉不在家，一年强半客烟霞"，走遍了故乡的山间水涯。所到之处，求诗索画者络绎不绝。兴致极好的时候，李调元常信笔挥洒，有求必应。一次过新都县军屯小村（这个村，路摊以卖锅盔驰名，至今军屯锅盔仍为成都名小吃），因雨淹留酒店，店主人大喜过望，奉酒求画，李调元带醉为店壁绘描梅花（"小雨军屯成暂驻，墨梅画满酒家楼"）。疏影横斜的墨梅，吸引许多过路人来店光顾，酒店生意顿时兴隆起来。

乾隆五十九年（1794年），李调元从什邡白鱼铺经过，口渴了，便到路边茶社小坐。茶社尹姓主人捧着纸笔向素昧平生的李调元走来……李调元并不见怪，微笑点头，二话不说便将纸铺在茶座上，信笔题写了一首五绝：

> 路过什邡路，茶坊要留句。
> 也算途中人，知己偶一遇。

李调元把贩夫走卒、商旅山民当作自己的知友。

这类例子屡见不鲜，因为李调元的心与民众的心一道跳动着。难怪他死后几百年间，四川民间仍流传着许多他的逸事呀！在丹景山上有操练武功、健步如飞的张姓老人，他倾慕老人的矍铄精神、长命健康，遂用率真俚俗的口语，写诗留赠：

> 老人八十四，

日走五百里。

飞行人不闻，

来往白云里。

——《赠张老人》

李调元留赠民众的诗，情真意切，不追求深奥典丽，力求做到翁媪能解，流传民间。

忧患余生的李调元，归返自然，与乡民友情日增。诗风返璞归真的同时，又着意添上一种洒脱之感。

最能表现李调元飘逸的情思、诙谐的机趣的，是一首他行于彭县（今彭州）九尺地界所题写的《狂吟》：

头戴十八转，

脚踏九尺步。

腕下走烟云，

口中吟月露。

既非李谪仙，

又非钟太傅。

投笔竟出门，

不知去何处！

李调元就是这样一个敝屣功名，热爱故乡山水，行吟于四川民间的乡土诗人。

三、诗讽福贝子

李调元并非一味静穆，吟咏山水，他的诗，曾刺向显贵福康安。

满人舒坤批注《随园诗话》中有一条说："福康安……十八岁为川督……为人穷奢极欲，挥金如土。以冰糖和灰堆假山，以白蜡和灰涂墙，以白绫缎裱糊壁墙。……每日所食，用银至二百两（乾隆朝米价大约每石一两五钱银子）。"

福康安，字瑶林，富察氏，满洲镶黄旗人，乾隆朝大学士傅恒之子，其姑母是乾隆皇帝的皇后（孝贤皇后）。

据宫廷传闻，乾隆皇帝与傅恒夫人有暧昧关系，福康安是他俩的私生子，所以圣眷殊宠，在清代真是"空前旷后，冠绝百僚"。

福康安曾奉命参与对大小金川、台湾、廓尔喀、苗疆等处的战争，为清王朝立下赫赫战功。从赏赐"嘉勇巴图鲁（巴图鲁，满语，意为勇士）"的荣誉称号开始，历封男爵、侯爵、一等公爵，晋大学士，加封忠锐嘉勇贝子。死后，特旨赏郡王衔。

清代，宗室加封，依次为亲王、郡王、贝勒、贝子。异姓世臣从未有封贝子以上者（至多进至公爵），福康安是唯一例外。

福康安生前还接受过文武大臣视为极大尊荣的其他赐赏，如赐大红宝石顶、四团龙服，赏戴三眼花翎。甚至福康安的仆从也被赐赏六品蓝翎。晋封贝子后，照宗室贝子例，还给福康安配备护卫。

乾隆四十八年（1783年），赫威一代的福康安自四川总督兼署成都将军任上，奉调回京，擢御前大臣，加太子太保。福康安取道川北大路北上。李调元恰于此时放弃了复官的希望，回到阔别多年的巴蜀故土。

归来的途中，人言啧啧，争道福贝子的骄奢淫逸。

李调元听见：

福贝子所过之处，地方官趋奉报效，动辄要花几千、几万银两。他所驻节的行馆，"笙歌一片，彻旦通宵"，"所经州县，以办差不善登白简（被参劾、撤职）者，不一而足"。上行下效，福贝子的随行家奴，也凶焰逼人，"骚扰驿站"，以致发展到"入市手掣幼妇钗，毁垣刀揕门官腹。监纪咨嗟军尉愁，忌器情多空局促"。

当时李调元恰有急事去绵州，他更亲眼看见：

福贝子出行坐轿，其轿甚大，须用轿夫三十六名，轮替值役，轿行如飞。轿夫每人备有良马四匹，轮班休息的轿夫便骑马随从。在大轿之中，除坐定福贝子外，还有姣童二人伺候主人，倒茶送点心。轿夫恃宠而骄，时常作恶。有一次，某县令杖责一作恶的轿夫，几天后便被罢官。

暂驻绵州的福贝子，任意苛敛，骚扰民间。因他惯习奢侈，"犒军金币辄巨万，治饷吏承意指，靡滥滋甚"。李调元目睹民间疾苦，忧心如焚。愤怒，使诗人发为吟咏。李调元继承诗圣杜甫的现实主义传统，以"绵州公馆清江渍"为起句，写了一首讽刺福贝子的《清江行》：

> 绵州公馆清江渍，榱题画桷高闬闳。
> 水晶为柱玻璃楹，四面光射窗棂明。
> 红罗细叠觚觚平，剪锦百匹悬为棚。
> 西廊陈列充琇莹，金枝向夕飞流星。
> 九华照耀铜龙檠，洞房尚少桌椅屏。
> 花楠紫檀民不宁，借问何官不敢名。
> 田禾将军方进城，一齐钟鼓声铿鍧。

肉山酒海人纵横，三声炮作晨登程。

花桐紫檀俱随行。

在"借问何官不敢名"的人们敢怒而不敢言之际，李调元却在诗序中直指"福公"，不稍掩饰，傲骨嶙峋，嵚崎磊落，锋芒不减当年。李调元的这首诗，像信使一样记叙了宠臣悍将的骄奢和诗人疾恶如仇的愤懑。

四、脱却乌纱归自然

归隐罗江之后，李调元丝毫没有懊悔或颓丧的心绪。相反，他脱却乌纱帽，如鸟出笼，心远地自宽。由于他有达观的心态、渊博的学识，无往而非所宜，能够优游于林泉之下，得大自在。李调元的晚年生活，丰富多彩。根据《童山文集》《童山诗集》，概述李调元二十年间浪游川西、川南、川北及家居的情况：

旅游　头戴草帽，脚蹬草履，游踪遍及川西北的山山水水、村村寨寨，如罗江、安县、汉州（今广汉）、什邡、金堂、中江、资阳、彭州、崇庆、新都、成都、郫县（今郫都区）、温江、灌县（今都江堰）、青神、眉州（今眉山）……有名山胜迹之处，多登临题咏，或勒石刻碑，诗成啸傲凌沧洲，为当地湖山增色。

听琴　琴棋书画是古代文人修身养性的艺术手段，通过这些艺术的濡养，纯化心灵、美化心灵。同时，琴棋书画也是促进人际关系的手段、心灵交流的渠道。李调元到罗江县城时，常去玉京山景乐宫听道官刘虚静弹琴——这景乐宫便是20世纪末兴建的李调元纪念馆所在地，亦有前因。

李调元曾去安县塔水桥荧惑宫看望跛僧月上，向他学琴。月上也来回访，弹奏高山流水的清音。

李调元还有一位技艺高超的琴友，名叫吕桂亭。听吕桂亭弹琴后，李调元感叹道："谁将十指朱丝拂，一弹顿觉清人心。"弹者弹得出神入化，听者知音悟微，相互间达到默契的境界。

棋　闲对弈楸倾一壶，是棋友的雅兴。李调元喜欢下棋，其诗中有"略解棋偏自诩高"。在乾隆五十二年（1787年），李调元甚至与弟谭元"赌弈不嫌输弟墅"，用房屋作赌注。当然，只是偶尔为之。

书画　李调元是书法家，绘画亦有造诣，其墨迹流传至今。他自述："字向闲中学，诗多醉后成。"

垂钓　府外不远便是芙蓉溪，李调元新掘的小西湖又栽藕养鱼，闲暇时，他便"夜静溪边下钓竿"。醉翁之意不在酒，渔翁之意不在鱼。闻荷的清香，听浪的软语，人与大自然融为一体。一时兴来，李调元会将戏文《金貂记》里的唱词，略加改动，高唱抒怀："在乡间吃的是粗茶淡饭，赛过他在朝中紫袍金冠。闲无事骑蹇骡四周游转，闷来时持钓鱼竿钓鱼湖边。"

农艺　李调元著有《醒园花谱》，其内容多来自他的养花经验。"携锄玩花谋"，他确是动手培植。李调元还栽植果树，"趁雨携锄植气柑"。

李调元熟知常用草药的药性，一些草药，也被植入苗圃。家人有小病，李调元便采药熬来治疗；遇有患湿疹、风湿、癣疥的，便采解毒、去淤、除湿、通气的草药熬汤泡洗，自我保健，防止病情加重。李调元自称："谙药解笺骚。"这里的"骚"，指屈原的《离骚》，内中多花草之名，要理解它、笺注它，首先要具备博物的知识，了解花草的形状、品性。

李调元的同年、好友祝芷塘因主持四川乡试前来醒园拜访，曾亲见李调元的田园生活，在《醒园留别》中写道："叱牛收水磨，呼鸭上陂池。"驾牛、驱鸭，极为普通、烦琐的农事，李调元有时也参与其中。融入老农的生活中，既是入乡随俗，也是强筋壮骨的锻炼。当然，这只是偶尔为之。李调元家里常年雇有长工、婢女，承担了主要的田间劳动和家务劳动。

对文物、古玩、金石的爱好，李调元终生乐此不疲。

《吕氏春秋·求人》："故功绩铭乎金石。"高诱注："金，钟鼎也；石，丰碑也。"后因称钟鼎碑刻为金石。李调元游山玩水时，每到一地，必访求金石遗迹，考察之，笔录之，探讨之。李调元把旅游、学术研究和文艺创作有机地结合起来，游得高雅，游得有趣，游有所悟，游有所获。通过许多采访研究，李调元完成了又一部学术著作《蜀碑记补》（十卷）。

是书在《清史稿·艺文志》"金石类"中著录。其卷首载有《蜀碑记补序》：

> 舆地，古今沿革不同，郡县名亦因之互异。欲访金石，必明舆地，其大较然也。余蜀自汉魏迄唐宋元明以来，通都大邑，崇山峻壑，梵宇禅林，残碑断碣，时出雨淋日炙之余；鸟道蚕丛，或露牛砺童敲之后，搜讨非易，编缀维艰，有志于古者，所为抚卷而慨叹也。宋王象之所著《舆地纪胜》二百卷……

李调元"摩碑思补史"的用心，在字里行间可以感受到。

《蜀碑记补》为巴蜀史迹留下重要资料，并对当今编写地方史志、开拓旅游资源提供了参考，故详为记叙之。

五、《醒园录》

南村乐事我能知，

布谷催耕早驾犁。

秧束即将秧当草，

竹林多折竹成篱。

鸭雏生以鸡为母，

农父心将犊作儿。

待得秋收婚嫁起，

家家妇子乐熙熙。

——《南村》

罗纹江水暖，布谷鸟飞鸣，一年的春耕季节到了。李调元从田野归来，吟成一首田园风味十足的律诗，眼前景物，都摄入诗句里。这样的诗句，是那些远离乡村，"饱食终日，无所用心"的书呆子永远也写不出来的。

秧田中，以秧当草，捆成秧束，抛向水田；周围的农家，以竹为篱；沟边地头，小鸭跟在母鸭身后，摇摆前行，憨态可掬；老农爱牛犊，把它当作儿女一样娇惯……田园生活充满了生机与和谐。

李调元将诗句缮写在薛涛诗笺上。侍儿已将安县秀水镇的老窖特酿放置于桌上，青花瓷盘里摆上了绵竹松花皮蛋、德阳鹰嘴形花生和罗江豆鸡。

李调元晚年喜欢素食，因此家庭豆制品菜肴做得很讲究。他心有所得，曾写了一首讴歌豆腐的诗，可谓生动别致：

> 家用为宜客用非，合家高会命相依。
>
> 石膏化后浓于酪，水沫挑成绉似衣。
>
> 剁作银条垂缕滑，划为玉段截肪肥。
>
> 近来腐价高于肉，只恐贫人不救饥。

豆腐可以制成多种花样，纯粹是大众化食品，很少引起诗人题咏。

豆鸡是罗纹江畔地方风味的素食之冠，虽是素食，其滋味和营养价值与鸡肉不相上下。

李调元的父亲李化楠是一个擅长烹调的美食家，他在长期的实践中改进了豆鸡的生产工艺。李家的豆鸡，成了远近闻名的下酒菜。

制作豆腐时，豆浆表面凝结了一层油皮，为豆制品之精华，名叫"豆精"。将豆精揭皮、摊开，在上面均匀地抹上酱油、麻油、芝麻面、花椒面、精盐等混合的调料糊，再卷成圆筒，压成长四寸、宽一寸、厚半寸的方块，摆进蒸笼蒸透，调料经加热后浸透层层精皮，然后取出晾干、切片，就成了豆鸡。

李调元以豆鸡佐酒。瞧那豆鸡，颜色棕黄，香浓味美，酷似卤鸡，而质地绵韧，耐嚼爽口，鲜而不腻，又有胜过卤鸡的地方。

李调元猛然想起，父亲宦游江浙时搜集整理的饮食专著《醒园录》前些日子已经编纂好了，即将刊印，还缺一篇序文。

乘着酒兴，李调元取来纸笔，在书案上撰写《醒园录·序》。

李调元握笔在手，回忆起在醒园田舍的儿童时代，跟随父母身后，捧着盥器、酒杯，和悦温顺地侍奉在祖父母旁边的情景，而今，不仅祖父母亡故了，父亲母亲也早已辞世，"子欲养而亲不在"了。

"父亲啊，儿不敢将你的这些书稿长期锁在书箱内，决定把它付印成书，誊写、圈点、刻板。"

李调元说到这里，不由得泪如雨下，他再一次观看了《醒园录》的目次，全书分上下两卷，经济实用。可以预期，这部专著将在饮食文化、烹饪调味等方面，嘉惠后人。

《醒园录》记载着烹调法、酿造法、糕点小吃、食品加工法、饮料、食品保藏法等，如：做米酱法、做甜酱法、做麦油法、酱不生虫法、酱油不用煎、做酱诸忌、做香豆豉法、做水豆豉法、豆腐乳法、糟豆腐乳法、做米醋法、腌火腿法、腌熟肉法、火腿酱法、风猪小肠法、风鸡鹅鸭法、焖鸡肉法等。

两百多年岁月流逝了，这部经李化楠整理、李调元刊印的《醒园录》，并没有随时间的过去而尘封。相反地，由于其内容翔实，记述详细，工艺技术实用可行，已引起烹饪学界的广泛重视。随着我国物质文明和精神文明水平的日益提高，《醒园录》将在弘扬饮食文化方面展现新的风采。

六、迁居南村

在京师的日子，故乡的醒园曾使李调元梦绕魂牵，他曾将绘成的醒园图随身携带，约请文朋诗友为之题咏。李调元于乾隆五十年（1785年）四月二十九日抵家，然而，他只在醒园住了三年多的日子，便于乾隆五十三年（1788年）八月移居十里外的南村，遂使醒园废弃。可惜其父苦心经营的楼阁亭榭、花木流泉，付之荒废。

李调元为何迁徙？这三年中发生了什么变故呢？

乡居也不宁静啊！李调元归隐之日，正是四川啯噜子（哥老会在四川的一个支派）活动频繁之时。

罗江是啯噜子的发展区域，而与醒园毗邻的夏家湾、廖家沟尤为渊薮。李调元还乡之日，便卷入了是非旋涡。

《童山文集》中有《寄严署州论蜀啯噜》三封书信，于啯噜子组织之法、散布之状，综录实闻，稽核详备。请求当局惩治啯噜子首恶，解散裹胁。严作明，乾隆五十二年（1787年）为犍为县令，调署绵州，未几罢官去。其获咎罢官便与李调元有关。李调元还乡，站在士大夫立场上仗义执言，要求控阻啯噜子蔓延，并加以严治，一石激起千层浪。原来，地方官为粉饰太平，得过且过，对啯噜子视而不见，只要不聚众作乱，扯起旗号与官军对抗，便"猫鼠同眠"，相安无事。而啯噜子也都远处作案或打抢单身客旅，不在眼皮底下找食，不吃窝边草，还不时向官吏及其爪牙行贿，彼此心照不宣。

而李调元却要加以揭露，向省上举报称：啯噜子身上带刀，应该斩草除根。李调元在《啯噜曲》中写道：

> 黄鳝长，线鸡短，青天白日兵戈满。
> 黑钱去，红钱来，山桥鸡店鸡犬哀。
> 杀人不偿命，皆冒古名姓。
> 夜来假面劫乡民，平明县堂充保正。
> ……

短刀叫线鸡尾，长刀叫黄鳝尾。白天剪荷包偷钱叫吃红钱，晚上穿墙凿壁叫吃黑钱。

因而严作明"心存讳盗，深恶首告"，便思报复李调元。

啯噜子先下手报复，"夏家贼居与醒园最近，竟也白昼入劫，窃取衣物，令家丁缚送官"。严作明迫于无奈，乃令仆役拘其为首者，贼抗拒，被击毙于夏家湾之贼伙中有江姓二人。同时，抓获李氏家族中与贼同游者。李调元见是朝字辈的子侄，遂请李氏家族的族长将其押至祠堂，问明口供，以家法责打之，以致又结怨于李氏家族中的一部分人。后来，这部分族中人借教匪之乱，参与了乘机火焚万卷楼的恶毒报复。

一波未平，一波又起。李氏被责打之子侄，有一人伤重毙命。严作明乃持《大清律例》要追究命案，以此恐吓、索诈。李调元不为所动，声称朝廷惩治啯噜子，原有"格杀勿论"之先例，况且是李氏家族合族议决了的。"严见骇不动，乃佯为和息而阴令乡约宋士义弟兄劫予所乘骡马及衣被而去。予子遂赴制军处禀呈，蒙批准……严恐，乃五次至省暗中贿托审官，劝予子递悔呈……予闻信，属子弗出，而子竟出。以是恐余责，逃外不敢归。"从而又引发了父子（即李朝础）之间的冲突。

严作明一不做，二不休，又向李调元施加压力，他亲自来到醒园，向李调元"催派军需"款项。

原来，乾隆年间，发动过两次大小金川之役，对滋生叛乱、不服王化的土司进行征讨。

清政府两次出兵大小金川，耗费帑银千千万两。为了筹款，在四川各县设军需局，征收附加税款及夫马费用。本来当在战事结束后撤销，但绵州等地却沿袭下来，每年照样征收，加重了民间负担。李调元回籍后，拒不缴纳这项苛捐杂税。其他粮户也纷纷抗税。严作明遂亲自到醒园催逼。为此事，李调元作有《严署州至醒园二首》，其二云：

> 莫倚萧何律，须知原宪贫。
> 相逢胡太厄，生受岂前因。
> 锻炼如山积，堤防问水滨。
> 到头风浪急，方识钓台人。

诗中表达了对严作明的愤怒和警告。由于严署州的劣迹过于显著，在李调元的举发下，四川总督于当年将严作明参奏、革职。

李调元虽然参倒了严署州，但与啯噜子势力的矛盾并未化解，与李氏家族中的人也结下了仇怨，而且在家庭内部，与长子、次子间的矛盾也显现出来，随时可能爆发冲突。

在这样内外的煎逼下，李调元不得不于当年八月十七日，即中秋后两日，仓促移居到距醒园十里外的南村旧宅。李调元感叹道："不是云龙山不好，里仁为美是吾乡。"李调元退避到"里仁为美"的南村，逐步营造自己的困园别墅。李调元在别墅周围遍植红豆树、青杠树、铁甲松以及紫蝴蝶、金钗花、无花果、铁线莲、旱地莲等。他又拓塘为湖，挖成了面积达十多亩地的小西湖。莲荷凝翠，活水清波，"困园本是水为国"。它的主人，重又获得安宁。

七、“甘伍优伶”有隐衷

临湖的土丘上，李调元筑有戏台一座。“但使笙歌续，焉知米瓮残。”李调元常在戏台上教家伶排练戏剧。

（一）

笑对青山曲未终，

倚楼闲看打鱼翁。

归来只在梨园坐，

看破繁华总是空。

（二）

生涯酷似李崆峒，

投老闲居杜鄠中。

习气未除身尚健，

自敲檀板课歌童。

——《醒园遣兴二首》

在第二首诗中，李调元以李梦阳自比。李梦阳（1473—1530），字天赐，又字献吉，号空同子，庆阳（今属甘肃）人，明弘治进士，任户部郎中。正德元年（1506年），太监马永成、刘瑾等操纵朝政，李梦阳代尚书韩文草拟奏疏弹劾之，未果。后来，刘瑾做了司礼监太监，权倾朝野，使李梦阳等四十八人解职还乡。旋又矫旨将李梦阳逮捕入京，拟加杀害。幸得状元康海为之缓颊（求情）——刘瑾素重康海。康海因对刘瑾说："李生能法皇祖为文，杀之大失天下学者望。"刘瑾听从之，李梦阳得以不死。

李梦阳晚年隐居于西安，热心提倡民歌俚曲。他是明代著名的"前七子"之一，曾反对虚浮的"台阁体"，倡言"文必秦汉，诗必盛唐"。故其诗多为感时伤世、不满弊政之作。

二李所处时代不同，但其遭际相近，所以李调元诗中有"生涯酷似李崆峒"之句。李调元罢官归里后，遁迹山林，诗酒自娱，家有伶班，"自敲檀板课歌童"，甚至还粉墨登场。李调元曾编写川剧剧本（据艺人相传，川剧《春秋配》《梅绛裒》《花田错》《苦节传》即经过李调元的改编），为发展川剧艺术，做出了可贵的贡献。

从文化传统方面来考察，中国近古的士大夫中一部分具有叛逆性格的人物，都有着类似的经历。明代四川名士杨慎谪贬滇西，醉后胡粉傅面，插花满头，门生诸伎，舆以过市。约早于李调元的文学家曹雪芹，"不得志，遂放浪形骸，杂优伶中，时演剧以为乐"。其时，由安徽全椒移居南京的《儒林外史》的作者吴敬梓亦与伶工为伍，写过长诗《老伶行》，并曾亲自制曲让优伶演出，"托之于檀板金樽以消其块垒"，至有"香词唱满吴儿口，旗亭法曲传江潭"。与李调元同时之著名诗人黄景仁（字仲则），乾隆间"居京师，落落寡合。每有虞仲翔青蝇之感。权贵人莫能招致之，日惟从伶人乞食……粉墨淋漓，登场歌哭。谑浪笑傲，旁若无人"。

李调元和这些怀才不遇、胸有块垒的文士一样，在"甘伍优伶"的表象后面，隐藏着其愤世嫉俗、畏讥忧谗的悲哀。

李调元的这种心迹，曾在《答姚姬传同年书》中向老友剖诉过："昨接足下书来，以我日逐优伶以为诚有以自乐。非图乐也，日见时事之非，不可正言，诚恐遇事之时，一朝累及，故日以优伶自污之，特不堪为一二俗人言也。"原来，李调元沉溺声色丝竹，是一种泥水自蔽的韬晦之计。

李调元有洁身自好的孤高秉性，不愿谄事权贵，他那洞察时代风云的目光，预见到迫害自己的和珅、永保等人，作恶多端，不会有好下场。李调元还明确指出："一生以清廉居官，本无赃累，原可捐还，而首相当关，非贿不准，若一入其门，便为其党，诚恐冰山见日，遗臭万年，此则宁终废弃而不肯为也。"他以此表明自己决不与和珅同流合污，宁愿废弃终身。不为利疚，不惧威慑，自养其浩然之气，这是李调元思想、性格中主要的一面。

"托身优伶之内"，果然麻痹了迫害李调元的势力，使他得以"著书自适"，既免祸全身，又潜心著述，成就甚大；且在戏曲艺术领域里，亦为后人留下一笔宝贵的财产。而和珅及其同党，果然于嘉庆四年（1799年）伏法。李调元生前看到了这伙权奸的下场！

八、功名有定只看优

闭门谢客、隐姓埋名的日子里，李调元忽接得同年兼好友姜锡嘏由成都寄至的书信，拆开一看，是一首七绝：

> 三年奚不到蓉城？
> 高距吟坛作主盟。
> 一席锦江君就否，
> 歌声听罢又书声。

原来是这位曾任礼部主事的文友，推荐李调元去锦江书院任教。对于朋友的热心，李调元是感激的。但李调元有自己的忧惧，真是进退维谷呀！

挂冠归田以来，成都虽近在咫尺，但李调元已三年未去这省垣之地。通永道上所受的政治迫害，使李调元心有余悸；回川以后，他仍感到危机四伏，"泰山有虎视方眈"。因为在乾隆朝末期，和珅之弟和琳任四川总督，真是冤家路窄。嘉庆四年（1799年）和珅伏法（和琳先期病死），永保的哥哥勒保又继任四川总督，他们对李调元都严加防范。李调元意识到处境的困窘，屡从诗中流露出来，如"得句每遭人败兴，清狂非是自卑污""每遇忧来辄高歌，常从愁里过佳节"……李调元怎能自投虎口，去锦江书院讲课授业呢？他遂以一首七律《寄姜太史尔常劝余主讲锦江书院诗以辞之》作答：

> 野鹤山猿孰肯收，
> 只宜林下任悠游。
> 平生从未居函丈，
> 老命何堪换束脩。
> 况有笙歌蛙两部，
> 难离奴婢橘千头。
> 题诗寄与姜夫子，
> 病马如今不受秋。

诗中，诗人以老病辞之，表白自己优游林下，愿守住柑橘千树、"蛙两部"，以终天年。

李调元借疏狂以避祸的生涯中，伶班给他涂上了一层保护色。李调元节衣缩食，培植伶童，门前桃李，蔚然成林。

"先生实苏产，弟子尽川孩"说明伶童是就地选才，先生特由苏州聘来。"书塾兼伶塾，英才杂俊才。"李调元还延师教伶童读书，提高其文化素养。雅能操琴度曲的李调元，培育艺苑新苗，不遗余力，他是当之无愧的艺术教育家。

在李调元的诗歌中，多次写到他的戏剧活动以及当时川剧演出的情景。

"锣鼓随身破寂寥"，李调元曾带领伶班过州逾县，进行演出。嘉庆四年（1799年）七月，他们一行进入安县界牌，适闻安县县令要禁戏。李调元戏答安县县令，声称自己"特送弦歌舞太平"的好意，并表示：

> 昔日江东有谢安，
> 也曾携伎遍东山。
> 自惭非谢非携伎，
> 几个伶儿不算班。

李调元的诗里还记叙了四川的酬神演戏活动：庙会由"社翁""会首"主持；备有犒劳伶班的"腰台"（酒菜）（"赢得豚蹄兄妹共，腰台多谢社翁情"）；演出在庙宇的"乐楼"进行（"一龛同佛听笙歌"）；妇女儿童边看戏边嚼甘蔗（"戏场人散蔗皮多"）……为后人留下了珍贵的戏曲史料。

友人陆见麟家有红梅古树，甚为绚丽。花开之日，李调元带领伶班在红梅树下演《红梅记》，盛会空前。李调元即席赋诗云：

> 一种春风两样分，
> 漫言间色夺缤纷。
> 浅深绛染江边雪，
> 远近霞烘岭上云。
> 人倚阑干同笑语，
> 天教阆苑入芳群。
> 当筵更奏红梅曲，
> 要算霓裳再得闻。

诗歌一出，绵州太守，绵竹、什邡、彰明县令相继唱和，"远近闻之，自缙宦缙绅以至释道女媛和者不下数百人"。红梅主人陆见麟编成《红梅唱和集》。赏花，品酒，观剧，吟诗，集一时之盛。

酒阑戏散，忧愤的思绪仍不时袭扰着李调元。身世沉浮，都上心来。在《金堂署观戏》一诗中，李调元抑制不住心底的悲愤："祸福无凭皆自召，功名有定只看优。若将我辈登场演，粉面何人可与侔？"前两句发泄牢骚，后两句感慨万端。古今一舞台，后之视今，犹今之视昔，他年我辈登场做戏剧的主人公，那时谁将扮演"粉面"呢？

历史已经揭晓，扮演"粉面"的是当口迫害李调元的权奸和珅、永保之流，他们已被钉在了历史的耻辱柱上。李调元却以骨鲠之气、著述等身的艺术家形象光照青史。

九、伶班种种

清代士大夫家常有"家伶"戏班表演，丝竹声伎自娱，海内以此而著名的有李渔、蒋士铨等。在四川，则以李调元为代表。他们对于清代戏曲的繁荣做出了积极的贡献。

在戏曲理论方面，李调元主张戏曲应该合乎人情，应该"各自成家""各自成体"，反对公式化，具有创新精神。李调元把元人杂剧和明清的一批传奇剧本移植到川剧舞台上，改编了《春秋配》《梅绛褒》《花田错》《苦节传》四大剧本，并亲自组织戏班，自任导演，到罗江、安县一带巡回演出，大大地推动了川剧的发展。

有关李调元伶班的种种情况如次：

李调元的家班开始时主要是演唱"雅部"，继而则大演"花部"剧目。《雨村诗话·卷六》中写道："家有小梨园，每冬月围炉课曲，听教师演昆腔杂折以为消遣。……"这里提到的能演昆腔杂折的教师，是从苏州礼聘来的，他们的主要任务是培训小伶童。小伶童是李调元就近招收的。李调元在《戏作》一诗中吟道：

> 世事无非戏，何妨偶作诙。
>
> 先生实苏产，弟子尽川孩。

书塾兼伶塾，英才杂俊才。

小中堪见大，此亦费栽培。

想把这些蒙昧无知的村童培养成能在红氍毹上演戏的伶人，要付出艰辛的劳动。李调元提倡戏曲教育，常常"闭门不出，日以课童为乐"。

据李调元家乡父老口碑，距困园不多远的象山寺，即是当年开办科班、培训伶童的主要场所。

李调元的家伶数目在二十人左右，惜乎未留下他们的全部名姓。在李调元著作中，粗略统计，他的家伶中有简单事迹记载的计有：

尹喜，德阳人，李调元家伶，"柔婉能歌"，这优童可能是剃头匠的儿子，他在做家伶之前已精通剃头的手艺。

陈忠，李调元家伶中年龄较小的一个，被称作"雏伶"。这孩子有些神经错乱，"每夜梦魇屡作呓语，若狂若癫"，汤药调治无效。考虑到精神方面的病宜用精神疗法，平素本不信巫的李调元，破例为他"请巫招魂"。巫师除念咒作法外，"再用红线扎其双手关脉"。兴许是由于心理作用，加之"扎其双手关脉"的通经络之疗，过不多久，陈忠的病"遂爽然若失"。

贾长官，又一个严重神经错乱者。推溯病源，一方面可能是这批伶童入李调元家班时年纪太小，忽然离开家庭，置身于陌生的环境，一时不适应；另一方面旧时戏班训练科生一般很严格，起早睡晚，搁腿下腰，睡时还要将双手捆住。再加上耳濡目染、口唱心默的，又是带有神秘气氛的戏剧。深夜演出归来，乡村里空漠旷远，很容易刺激神经。过分的神经紧张，积蓄久了便会突然爆发。贾长官有天深夜，"自永福院演戏归，路过臭水河，忽然发狂，走入御（玉）麦林中"。李调元知道后连忙派人寻觅，走遍玉麦林也没有找着，喊又喊不答应。次晨，贾长官披头散发来到小河边，怀中捧着大鹅卵石，他正要奋身跳河。家丁薛三贵碰见，将贾长官救住，送回医治。

崔官，是个较为出色的伶童。乾隆五十二年（1787年）五月二十七日，李调元与成都文士方文奎等游杜甫草堂，"携乐部泛浣花溪而上"。傍晚，他们在平桥畔置酒欢宴，崔官曾"倚桥从歌，声可遏云"，受到同游者的称赞。

戴富顺，曾经迷路走失过，李调元为寻找这个伶童，亲自到江边象鼻嘴上求告。几天未见几近绝望，五天之后居然有人将戴富顺送了回来。

大喜，原是绵州丰都庙的小道士，因爱好戏剧，"改道服为俗家服饰，自投入班。见其人颇清秀，因能巧笑，改名大喜。延师课曲……"大喜腔调哼得不错，但表演很差劲，据说他"遇笑即哑"，可能是情绪太紧张而"怯台"。李调元无法矫正，只好仍将他送回丰都庙去做道士。

根据记载，李调元家伶排练过《红梅记》《十五贯》《汉贞烈》等古典剧目。同时，李调元还迅速将清初及同时代人的新著带至四川，移植到戏剧舞台加以推广，如李渔的十种曲——《风筝误》《比目鱼》《意中缘》《怜香伴》《奈何天》《蜃中楼》《慎鸾交》《凤求凰》《巧团圆》《玉搔头》。

李调元称："金华李笠翁渔，工词，所著十种曲，如景星庆云，争先睹为快。余家有歌伶，令皆搬演。"

此外，还搬演了友人蒋士铨所著的传奇《空谷香》《冬青树》《香祖楼》《雪中人》等。

以上剧目流传至今，其中有高腔、有弹戏。我们可以推想，李调元的以演川剧为主的伶班，应也能兼演高腔、弹戏。

李调元参与编写弹戏四大本的情况，近代著名学者卢前的介绍与当代民间传说不谋而合：

卢前在《明清戏曲史》"花部之纷起"一章写道：

> 绵州李雨村调元，尝作四种，犹临川之有四梦。雨村不用一神仙，尝引以自豪。其作《春秋配》，至贼虏女上山时，无以解围。见窗外寒梅，忽有所得。于是托女索媒证于贼，悬崖有梅花一株，贼方折枝登树，女投石而贼坠，女遂逸去。其叙女之门第，词尚洁……皆此中之雅词也。

罗江县城，有巍然建筑，即奎星楼，为李调元之父李化楠参与营建，取入剧词，非出无因。而且，在云龙山下李调元的故里，至今流传着一个故事：李调元编写《春秋配》，写到善良的小姑娘姜秋莲不堪继母的虐待，随乳母外逃，不幸遇强盗，乳母被杀，财物被抢。姜秋莲为恶徒所攫，遭受威迫成婚……她怎样脱险呢？作者难住了。有一天，李调元牵着小孙女外出散步，来到村外的青石涧。涧边岩畔红花灿烂，孙女要祖父为她摘花。李调元去岩边摘花，手强攀住树枝，却失脚绊倒。他站起时，豁然贯通，喜出望外，回家写成《掀涧》一出。移花接木，李调元将自己的生活感受融入戏剧情节。

《掀涧》即写姜秋莲行至青石涧，见山花欲燃，以甘言诱使恶人为她摘花，乘其不备，将其掀下深涧，以此脱险的经历。

这样写来，姜秋莲机智勇敢的性格得以表现。弱女自救，别开生面，比之豪侠来援或神仙搭救等公式化的处理，不知高明多少倍。仅此一例，足见李调元在文学剧作中惨淡经营的苦心了。

关于《春秋配》与李调元之间的关系，京剧艺术大师梅兰芳的《舞台生活四十年》里有一段客观、精彩的叙述：

　　黄芝冈同志告诉我，他听见四川的传说，《春秋配》的祖本，是一位四川的剧作家李调元编的。据说李调元写《砸涧》一场，写到侯上官威逼姜秋莲，该用什么方法好让侯上官失败，姜秋莲脱身，他在屋里想来想去，也想不出适当的处置。他就走出大门，散散步，预备活动活动脑筋再写。信步走来，经过一座大花园，抬头看见一枝红梅，是从墙内斜着伸出墙外来的，枝上开满了花朵，鲜艳夺目，煞是好看，他顿时灵机一动，赶回家去，提笔就写出了这段"摘梅坠涧"的布局。后来编的新戏，如《孟姜女万里寻夫》，在她中途路上，也加上遇见强盗威逼的穿插，原封不动地把这个老套子搬了过去，那就成了"滥调"了。

　　（按）李调元字童山，四川绵州罗江人，乾隆进士，做过广东学政。他的著作，关于戏曲的，有《雨村曲话》和《雨村剧话》。另外著有《粤风》，是介绍广东民歌的。《蜀雅》是集刻四川人的诗歌。这些著作，都收在他所刻的一部丛书，名叫《函海》里。他还编过几出四川的梆子戏：《梅绛褒》（又名《梅绛雪》）、《花田错》、《木荆钗》

（王什朋的故事）、《凌云渡》（一名《青蛇报仇》，是续写雷峰塔的
故事）……

从《舞台生活四十年》那段按语里可见，除《春秋配》《梅绛亵》《花田
错》《苦节传》四大本弹戏之外，李调元还改编过《木荆钗》和《凌云渡》等高
腔。这一线索可作为川剧史研究的参考。

李调元对弹戏四大本改写加工，目的是供家伶或附近的"乡班子"演出。因
为在李调元所处的时代，川剧的几种声腔相互影响，同台演出的情况，已屡见于
史料。李调元的家伶先习昆曲，兼演高腔、弹戏、胡琴。

李调元常常领伶工逾州越县进行演出，足迹遍及川西北。李调元借以自况的
《四桂先生传》是一篇研究他的重要文章，内中写道：

> 先生兴来，辄携数僮，跨黑驴，遍游名山大川，或经年乃归。归则
> 独居楼上，不与人见。人或经年不见黑驴与伶僮之出游也，又多疑其为
> 仙云。

李调元组织伶班，除用以掩人耳目避仇家陷害以及乡居娱乐之外，还有一个
宗族祭祖和科举祭祀的作用。正如日本学者田仲一成所说：

> 到了清代中期，通过江南宗族大宗祠进行的分派整合，作为团结血
> 缘意识淡漠的成员的始祖远祖的祭祀仪式，达到了近于社祭的规模，形
> 成了比严肃庄严的儒教仪式更具娱乐性的演剧受到欢迎的态势。特别是
> 进入清代后期，宗族间宣传科举合格者……在向大宗祠的祖先奉献表示
> 感谢的祭祀时，奉献演剧比奉献儒教仪礼更多。

由于历史的原因，江南富甲天下，江南士大夫组建戏班也较多。西蜀自大规
模移民以来，经济增长加快，以李调元为代表的士大夫，亦组建家伶参与祭祀宗
祠等活动。试举例说明如下：

乾隆五十九年（1794年）九月的一天，李调元在中江与同年孟邵游玄武山，忽然得知女婿张玉溪乡试中举，大喜，急忙赶到汉州。

李调元十分赏识女婿，便写下："怪兄颇有誉儿癖，似我方称择婿工。"李调元自夸有眼力，还有一段故事：六年前，他到张府，喜见玉溪颖秀，因出对试之曰："雨过花初放。"张玉溪对曰："春来鸟自鸣。"因对张邦伸曰："此子鸣必惊人，吾诗钵有传人。"遂以第四女许之。

时值重阳佳节，秋高气爽，为祝贺女婿中举，李调元传来自家的伶班，在张府连续演了三天庆祝喜剧。张府的西花园内，工字厅与戏台结合为一体，戏台的栏杆和额枋上镂空雕和深浮雕交替使用，雕塑出大量表现忠孝节义的戏剧故事。演员红袍纱帽，应着锣鼓点子出场，跳各种舞，舞毕，将手上的"画卷"抖开，现出"连升三级"之类吉祥的字样，口中喊道："祝贺张玉溪老爷中举，蟾宫折桂！"主人喜滋滋地吩咐："有赏。"吊在廊柱上的鞭炮点燃，噼噼啪啪声不绝于耳，呈现出一派热闹的景象。

乾隆六十年（1795年）九月十四日，系本科放榜之期。李调元的侄儿、李鼎元的儿子李朝垲考中举人。李鼎元做官在外，庆贺典礼由李调元代为张罗、主持。

李调元府邸的墙壁上贴着报录人送来的红榜，上面写着："捷报贵府老爷李朝垲高中四川乡试举人。京报连登黄甲。"后面一句是喜报上的恭维话，意思是入京会试、殿试联捷的喜报就要送到。殿试的榜文是用黄纸写的，所以称为"黄甲"。

李调元率侄儿李朝垲等去李氏宗祠祭祖：又一位李氏子弟成才了，望列祖列宗保佑他会试联捷。礼毕，开设酒宴，伶工们表演了川剧《中三元》。

再者，还去亲友家中访问演出。乾隆五十七年（1792年）十二月八日，伶班就去为李调元好友、什邡县令陈湘维祝寿；嘉庆三年（1798年）六月六日李调元携伶去台山界牌看望妹妹的女儿，饮酒看戏。

此外，家伶还应乡亲的邀请参加酬神赛会的演出，与民同乐。乾隆六十年（1795年），罗江河村举办青苗会祈雨，会首邀请李调元的家伶去演出。锣鼓刚敲响，大雨倾盆，只好去躲雨，临时取消演出。社翁还是按规矩送来"腰台"，足见醇厚的风俗。李调元为此写了纪事诗：

> 本因祈雨酬神戏，翻为雨多酬不成。
> 赢得豚蹄兄妹共，腰台多谢社翁情。

　　社戏规矩、民俗风情，于诗中得到反映。李调元的诗文中具有戏剧、民俗史料价值者，比比皆是。

十、《雨村曲话》启后人

著述甚丰的李调元，在文学、历史、音韵、训诂、金石诸方面均有不凡的造诣。此外，他还关心民间的戏曲艺术，编写川剧剧本，且在戏曲美学思想方面形成了自己的系统曲论。李调元的《雨村曲话》是研究中国古典戏剧批评史的一部重要著作。

李调元重视戏曲的社会功能，充分注意到戏剧高台教化的作用。在《雨村曲话》里，他论述元末明初戏曲作家高则诚的南戏《琵琶记》："体贴人情，描写物态，皆有生气，且有裨风教，宜乎冠绝诸南曲。"

又在评价明代《寻亲记》时称其"词虽稍俚，读之可以风世。"后来又观看了《后寻亲记》的演出，见此剧有警世易俗的内容，李调元赞赏道："亦复可观焉。"

"有裨风教""风世"之说，继承了我国古代寓教于乐的传统审美认识。孔子就曾指出："诗，可以兴，可以观，可以群，可以怨。"荀子也说："乐行而志清……移风易俗。"明代成化、弘治年间力主"剧以载道"的传奇作家邵璨在《香囊记》"家门"一出中概括道：

今即古，假为真，从教感起座间人。传奇莫作寻常看，识义由来可立身。

李调元在《雨村曲话》序文里明确指出戏曲有"入人心脾""发人猛省"的社会功能，关系到风俗美丑、人心好坏，所以"曲者，鼓吹之盛事也"。而且，李调元理直气壮地驳斥了那种视戏曲为"雕肾琢肝，纤心淫荡"，"非堂堂学士所宜有"的谬论，维护了民间戏曲的合法地位。

正因为如此，李调元特别看重戏曲作家的思想品德。他在评论到阉党权奸阮大铖时，写道："所撰《燕子笺》，名重一时，然其人心术既坏，惟觉淫词可憎，所谓亡国之音耳。"

褒贬之间，可以看出李调元主张的"有裨风教"是一种有积极意义的功利思想，写戏做人，不要像阮大铖之流坏了心术，戏剧作品应有救国、警世、正人心的功用。

我们不能一般地反对功利主义，或者把进步士大夫的"风世"主张都视为维护封建统治者利益。鲁迅先生曾在《〈艺术论〉译本序》里阐述过："在一切人类所以为美的东西，就在于他有用——于为了生存而和自然以及别的社会人生的斗争上有着意义的东西。……美的愉乐的根柢里，倘不伏着功用，那事物也就不见得美了。"经李调元之手编写、加工过的川剧传统剧目《苦节传》《春秋配》《花田错》《梅绛亵》正体现了他的美学追求，这些剧本歌颂了真善美对假恶丑的抗争，通过长期的舞台演出，弘扬正气，富于人民性和现实主义精神。

《雨村曲话》主张戏曲结构要合情入理，穿插巧妙。也即是说，作品要从生活出发，人物和情节都要真实可信，勿涉荒唐怪异，信口胡诌，不随心所欲地设架空中楼台。李调元从《明珠记》与《西楼记》的得失对比中，论证了戏曲结构的特点。李调元指出：陆天池所撰《明珠记》，"曲中佳语虽少，其穿插处颇有巧思，工俊宛展，固为独擅"。所谓巧思，指从生活中提炼富于戏剧性的情节，出意料之外，在情理之中，设置好引人入胜的悬念和突变。李调元认为作曲"最忌出情理之外"，他批评《西楼记》"于撮合不来时，拖（突）出一须长公，杀无罪之妾以劫人之妾为友妻，结构至此，可谓自坠苦海"。

"戏不够，神仙凑"是讽刺随心所欲的编剧手法，这种手法很省力，不必像优秀作品那样，要"体贴人情，描写物态"，然而省力者必为人淡忘。举例中的须长公突然而出，做了行动荒诞的道具，缺乏可信性，愚弄了观众，反过来也必然遭到观众的遗弃。比李调元约早一点的李渔也有类似体会："凡说人情物理者，千古相传；凡涉荒唐怪异者，当日即朽。"李渔和李调元都是热爱戏曲艺术，家有梨园，"鼓乐随身"的士大夫，他们各自从艺术实践总结出颇相类似的看法，不谋而合，殊途同归，这是不足为奇的。

对戏曲语言的特点，李调元也总结出一条符合客观实际的规律："大略贵当行，不贵藻丽。"所谓"当行"，是指戏中唱白要从人物、规定情景出发。语贵本色，戒堆砌。李调元批评明嘉（靖）隆（庆）间"吴音一派，竟为剿袭"，陈词艳语，启口即是，千篇一律，甚至使用僻典隐语，"不惟曲家本色语全无，即人间一种真情话亦不可得"。

当然，李调元主张的本色，绝不是粗俗浅言的"牵凑"，"以鄙俚可笑为不施脂粉，以生硬稚率为出之天然"。李调元反对堆砌和粗俗这两种倾向。

李调元所主张的戏曲语言，是要"生动圆转"。生动，即用词遣句要注意准确、"隽妙""俊逸"，达到"清水出芙蓉，天然去雕饰"的境界。李调元提出"圆转"的标准，是提醒戏曲作家下笔时要考虑音韵美、音律美，讲究节奏鲜明、音响清亮、抑扬顿挫、声调铿锵。李调元盛赞元代马致远的《陈抟高卧》一剧"字句音律，浏亮动人"。

总之，《雨村曲话》在戏曲功能、剧本结构、戏曲语言等方面为后人提供了可资借鉴的经验，在中国古典戏曲理论上领有一席之地；就巴蜀而言，对繁荣川剧艺术，开创川剧理论，更居领先地位，实属难能可贵。

十一、艺坛双星

仿佛从深厚的云层间，突然透过阳光，李调元于乾隆五十六年（1791年），见到了一线希望。因为这一年为官清正、与李调元在京城有过交往的大学士孙士毅（字补山）调任四川总督。

朝命甫下，孙士毅入川，李调元感到周围的压力减轻，他变得精神焕发。李调元在《闻孙补山相国重膺简命节制四川喜而有作》中道出了前所未有的狂喜的心情："老农家住金山下，望见旌笔喜欲颠。"

几年间李调元归隐罗江，泥水自蔽，然而直抒胸臆的吟咏，亦为当道所不容，"遭人败兴"。以至只有孙士毅主川，他才感到"渔樵安堵"，能够与妻孥布衣终老。

"首相当关"，和珅误国。李调元的喜悦，很快便被严酷的现实粉碎了。不到一年，孙士毅又奉调入西藏。乾隆五十七年（1792年），与和珅关系密切的勒保——李调元的冤家对头永保的兄长——又调任四川总督。

所以，这年李调元来到金堂，县令在衙门设剧置酒款待时，他不禁发出了"祸福无凭皆自召，功名有定只看优。若将我辈登场演，粉面何人可与侔"的牢骚。

恰在这时，一位刚由成都来的伶人给李调元带来了一位老朋友的书信。

给李调元写信的，原是新近返川、曾名噪南北的一代名伶魏长生。

这封书信的字里行间洋溢着知己的深情，真是"千金字不轻"啊！忆事怀人，关于魏长生的生活道路、艺术生涯，纷纷涌上李调元的心头……

魏长生，字婉卿，亦名魏三，四川金堂人。家贫，幼年备受困厄，入省城学唱川戏，起初艺不惊人。后流浪到陕西，搭上了西秦腔班子，刻苦习艺，演技精进。于乾隆四十四年（1779年）入京，以《滚楼》一剧，名动京城，六大班为之减色。自此"凡王公贵位，以至词垣粉署，无不倾掷缠头数千百。一时不得识交魏三者，无以为人"。

这时期，正值中国近世戏曲史上"花""雅"之争的关键时期。魏长生作为"花部"（地方戏曲）的代表人物，博采众长，兼收并蓄，融汇川剧、西秦腔、京腔于一炉。进而，他锐意创新、自律极严，被誉为"野狐教主"。据《梦华琐簿》记："闻老辈言，歌楼梳水头、踩高跷二事，皆魏三作俑，前此无之。"李调元正是在这个年月，与魏长生相识。他俩既是同乡，并都志趣高洁，名噪京华。梨园、寓所、四川会馆，是他们聚会的场所。他们切磋技艺，闲话乡情，增进了彼此间的情谊。尽管从年龄上看，李调元要年长十岁，二人却成了至交好友。

后来，魏长生又到了南方的戏曲中心——扬州。"天下三分明月夜，二分无赖是扬州。"扬州经济繁荣，戏曲鼎盛，"花部"勃兴——京腔、秦腔、弋阳腔、梆子腔、罗罗腔、二黄调异彩纷呈。盐运御史伊龄阿、图思阿奉旨在扬州设署修改剧本。

艺坛"野狐教主"的到来，使丝竹歌舞昼夜不歇的扬州鲜花着锦。据《扬州画舫录》记载：

> 四川魏三儿，号长生，年四十，来郡城投江鹤亭，演戏一出，赠以千金。尝泛舟湖上，一时闻风，妓舸尽出，画桨相击，湖水乱香。长生举止自若，意态苍凉。

魏长生在博采众艺、浪迹南北之后，回到故乡来了，势将对川戏、对蜀伶产生巨大的影响。李调元在金堂衙署的筵席上乘着酒兴，吟成了两首五律《得魏婉卿书》：

（一）

魏王船上客，久别自燕京。

忽寄锦官信，来从绣水城。

讴推王豹善，曲著野狐名。

声价当年贵，千金字不轻。

（二）

傅粉何平叔，施朱张六郎。

一生花底活，三日令公香。

假髻云霞腻，缠头金玉相。

《燕兰》谁作谱？名独殿群芳。

　　"魏王船"用曹公载妓船的典故，借以切合魏长生姓氏、职业。"久别自燕京"是回忆当年在京师的交往。"绣水城"指金堂。"王豹"句用"王豹处于淇，而河西善讴"之典，既与"野狐"巧对成趣，亦寓有魏长生回川必将推动四川戏曲发展之意。何平叔即曹魏时的美男子何晏，张六郎指"貌似莲花"的武则天的宠臣张宗昌。《燕兰》指《燕兰小谱》，一部重要的清代梨园史料书，书中将魏三列为群芳之冠。李调元活用典故，极写对魏三的仰慕。

　　李调元写完诗篇，想到魏长生当年的风姿、绝艺而今可还依旧否，他多想驱车进城，会一会阔别多年的老朋友啊！

　　可是，咫尺天涯，老朋友却不能相见。

　　总督易人，勒保入川，正对自己虎视眈眈。

　　前些时候，同年兼好友祝芷塘奉朝命入川，李调元亦因怕去成都落入陷阱而没有去相迎。结果是祝芷塘"枉驾"罗江，赶来相会，李调元觉得失礼得很。他是有苦难言哪！

　　何况，魏长生与祝、蒋不同。魏长生于乾隆四十七年（1782年）在北京曾被诬以"淫冶妖邪"，"奉旨入班"（与李调元贬官下狱几乎同时）。而且，这次回川听说还是"以事押回原籍"的。

两个"贱民"聚在一起，岂非图谋不轨？若是授人以柄，宵小之徒定会兴风作浪。归田以来，树欲静而风不止。李调元曾多次发出过"浑厚反得刻薄之报，敛迹反招侮辱之来"的感叹。

有鉴于此，李调元强行压抑住驰赴成都去见艺友的念头。可以想见，李调元的心，常为忆事怀友而酸楚。

魏长生回成都后，献艺梨园，经营产业，亦没有机会到罗江。李、魏二人咫尺天涯，未能相见，大约有三年时间。

李、魏二人，一为著名文士，一为绝代名优，艺苑双星后来终于相会了，时间大约在乾隆"内禅"〔清高宗（乾隆皇帝）御极六十年即将帝位传与皇十五子颙琰，并自称太上皇，史称"内禅"〕、嘉庆改元之际。这应是清代四川文坛上的一段佳话。

经过一段时间的经营，魏长生在成都定居下来，且有了精美的别墅。嘉庆年间成都人杨燮《锦城竹枝词》云：

> 无数伶人东角住，
> 顺城房屋长丁男。
> 五童神庙天涯石，
> 一路芳邻近魏三。

诗末原有注云："各部伶人都在东顺城街五童庙东较场一带地方住。魏三初在省城唱戏时，众不以为异，及至京都，则声名大噪矣……有别宅，在省城内东较场口，台榭颇佳。"从清代至民国，蜀伶多住省城东较场一带。故魏长生由京返川，沿习仍卜居于此，便于与同行朝夕相邻，共磋技艺也。

李调元会见魏长生并观看他主演的《汉贞烈》，这段珍贵史料见于《雨村诗话·卷十》："近见（魏长生）演《贞烈》之剧，声容真切，令人欲泪，则扫除脂粉，固犹是梨园佳子弟也。"《雨村诗话》付梓于嘉庆初，此处之"近见"，当指嘉庆初元之际。二人成都相会，把酒谈艺，当是意想中事。以后，嘉庆四年（1799年）春太上皇乾隆死去，嘉庆皇帝旋将和珅赐死。对此，李调元在诗文中表现出极其欣慰的心情，如："君看昔日冰山靠，现睹如今似雪非""寄与陆潘名下士，南台早料有斯时"。嘉庆改元后，李调元诗中不少是写于成都的篇什，与"三年奚不到蓉城"迥异。总之，李、魏二人的遭际遇合，正如李调元诗中所谓"笑能倾国人偏妒，曲到知音调始哀"。

十二、东吴西蜀万里情

乾嘉之际，儒林中虽有党同伐异的现象，但亦不乏"文人相重"的例子。

诗、书、画三绝，才华横溢的郑燮（号板桥）与文坛翘楚袁枚素未谋面，然服膺于袁枚的精妙诗文，自感不及，他去除了文人相轻、相斥的弊习，曾投诗以赠袁枚："室藏美妇邻夸艳，君有奇才我不贫。"郑燮毫无偏狭嫉妒之心，同声相应，同气相求，承认别人的长处并引为良师益友，确有大家气度。

袁枚，乾隆朝进士，做过江宁等地知县。中年后即退居南京小仓山的随氏废园。著述甚多，涉及面广。在文学方面，袁枚反对盲目的"拟古""载道"和"填书塞典，满纸死气"，诗主性灵，提倡写个人"性情遭际"，表现喜怒哀乐的"人欲"。

袁枚在咏岳飞的一首诗中写道："不依古法但横行，自有云雷绕膝生。我论文章公论战，千秋一样斗心兵。"诗中表达了一种要求从传统束缚中解放出来、追求文学上的自由、表现自我的主张。

袁枚奖掖后进、扬人优点的事迹，也屡见于史乘。乾隆五十八年（1793年），袁枚曾致书洪亮吉，云："吾年近八十，可以死；所以不死者，以足下所云张君（蜀中诗人张问陶，号船山）诗犹未见耳。"其时张问陶年仅三十岁，初露头角。由此足见袁枚惜才之诚。张问陶听闻后，手抄近作，寄往随园。袁枚读罢其作，连称"奇才"，遂与张问陶订交唱和。

无独有偶，袁枚与李调元的神交唱和亦是清代文坛的一段佳话。

李调元在直隶通永道任上蒙冤，后来获释归里。幸得陈琮的帮助，他将刻板赎取，运回四川。他又节衣缩食，筹集巨款，印成了《函海》。

回到故乡的十多年间，李调元依旧不释卷，夜以继日地写作。另一部卷帙浩繁的《续函海》又编定，李调元雇人抄写了几份。

李调元把已印好的《函海》和一份《续函海》的手抄稿打包，作为一份礼物，并附上诗歌二首，慎重地托付给一位由南京来川贩运红花药材的商人，请他交给随园老人——袁枚。

嘉庆二年（1797年）八月，在南京小仓山房里，年逾八旬的袁枚接到寄自西蜀、内容侧重于巴蜀乡土文献的《函海》，心情很激动，批读之下，似觉峨眉灵秀、巴渝文采，尽收眼底。而且，《函海》还收集有袁枚的作品。

羊角灯下，袁枚扶病握笔，题写了《和李雨村观察见寄原韵二首》。其一云：

> 访君恨乏葛陂龙，接得鸿书笑启封。
>
> 正想其人如白玉，高吟大作似黄钟。
>
> 童山集著山中业，《函海》书为海内宗。
>
> 西蜀多才今第一，鸡林合有绣图供。

袁枚不仅推许李调元的编著业绩，且以自己的《小仓山房集》作"投桃报李"的回赠，仍交贩运红花的商人带往四川。

"醒园篇什随园句"，东吴西蜀万里情。

不幸的是袁枚寄给李调元的诗文、书籍因商船在巫峡时覆溺，书文浸水，仍旧带回南京，没有寄到，只好另行抄录转寄。更不幸的是，这年的十一月十七日，袁枚病逝。

李调元接得讣闻，悲痛异常，向东遥祭；复又长歌当哭，写诗奉挽。

李调元借覆船溺书的事件，突发奇想："悬知老子是犹龙，不谓俄成马鬣封。江上冯表停鼓瑟，山中师旷不调钟。"匠心独运，极想出袁诗的不同凡响。

接下去，颈联为"六朝风月教谁管，万里云天失所宗"，写出袁枚去世给文坛造成的巨大损失。挽诗以"锦江不少吴船泊，此后邮筒舍予谁"作结句，表达了痛失知音、难述情怀的绵绵哀思。袁、李的高尚情怀，赠诗中表达的深情厚谊，至今读之，亦能拨动读者的心弦。

十三、崇庆解元何明礼

坐落在成都城南文庙街的锦江书院为清代四川的最高学府。乾隆二十四年（1759年），锦江书院的山长是蜀中名儒高白云。学生中初露头角、名列前茅的有罗江李调元、崇庆何明礼、成都张翯、内江姜锡嘏、中江孟邵、汉州张邦伸，他们被誉为"锦江六杰"。

这年秋闱（乡试），锦江书院的秀才中有十八名考中举人，"锦江六杰"均在其中，而头名解元便是何明礼。

何明礼，字希颜，号愚庐，崇庆州人。少年聪颖，读书过目不忘。七岁时，侍奉其父宴客，客人中有以小杯换大杯者，父命以此破题作文，何明礼应声曰："以小易大多，见其不自量也。"举座奇之。"深得古文家法，其才博而奥……当代巨公多就诿焉。"由于何明礼青年时代发奋勤学，"其才博而奥，蜀中文献半贮腹笥"。青年时代，何明礼与福建郑天锦（字芥舟）、云南李敬跻（字翼兹）交游，情谊深厚。郑、李都较早地考中举人，又考中进士。唯独何明礼时运不济，"潦倒场屋三十余年"。芥舟寄诗云"拾第寻常事，迟君二十年"，胡太守书巢云"名岂抢元著，诗因出峡多"，皆纪实也。庚辰北上，试卷已拟高魁，旋因破承小讲连用十二转字，太奇，遂落第，从此遍游齐梁赵，以诗酒自豪。

"诗因出峡多"。辞亲远游的何明礼，船经雄奇三峡，写出了气势不凡的

《新滩》：

> 数里涛声先荡魂，艨艟一叶浪花翻。
>
> 舻空怕触蛟龙怒，路转还逢虎豹蹲。
>
> 衰草寒烟迷故鬼，悬崖落日老啼猿。
>
> 前途相待有云梦，试把长江一气吞。

《重庆》亦有目空今古之雄豪：

> 城郭生成造化镌，如林舟楫两崖边。
>
> 江流自古书巴字，山色今朝划巨然。
>
> 烟火参差家百万，波涛倾洞浪三千。
>
> 锣崖月峡谁传出，要使前贤畏后贤。

不过，人的性格又是多元的、可变的。山东济南的湖光山色，抚慰了何明礼心灵的伤痛，其诗风一变，由突兀峥嵘突变为恬静，回归自然，如从他的《大明湖》一诗就可以感受到这种变化：

> 皎皎澄湖接玉京，夜阑银汉落无声。
>
> 最宜雨过秋光后，一片芦花带月明。

然而，恬静是暂时的，科场失意，老境颓唐，始终折磨着何明礼，他在《寄怀张石臣同年》一诗中，流露出无可奈何的苍凉情怀：

> 无缘富贵复何疑，命也天乎一听之。
>
> 蚁为泥深频觅穴，鸠缘性懒每安枝。
>
> 三条短烛同烧夜，半盏新醪独饮时。
>
> 槐舍风清天渐冷，好凭凉月寄相思。

"穷则独善其身，达则兼善天下"是儒生立身处世的原则。何明礼晚年深知自己功名无望、报国无门，只能"新醅独饮"，随遇而安，他把自己不能实现的抱负，寄希望于同年、好友——李调元，祝愿好友能搏击风云，辅佐朝政，霖雨苍生。故他特绘制了一幅寓意颇深的《调鼎图》寄给京师的李调元。

　　"调和鼎鼐，燮理阴阳"，应是对入阁的大学士或部院大臣的期望。李调元接到《调鼎图》，既感激何明礼的厚望，又慨叹其"不识时务"：现今官场，没有后台援引，没有贿赂、夤缘，焉能平步青云，跻身上层？

　　李调元升任吏部考功司员外郎是在乾隆四十一年（1776年）。同年底，"与同司掌印满郎中永保议稿不合"。乾隆四十二年（1777年），年届京察，被填入"浮躁"，解官。李调元受到永保的陷害，永保及其父兄，均与和珅交往密切。有鉴于此，李调元决意还乡隐居，他变卖家产，购买书籍十五车……

　　心事重重的李调元于此时此际写下了《题何愚庐明礼调鼎图》：

> 君不见太白漂泊黄河间，挂席欲进波连山。
>
> 一朝待诏金銮殿，御手调羹供奉班。
>
> 又不见世人不识东方朔，元是人间老蝙蝠。
>
> 大隐金门待玉壶，鼎中贮得仙丹箓。
>
> 人生不遇萼绿华，便当勾漏学丹砂。
>
> 修炼未通三岛路，烹调岂到五侯家。
>
> 何人掉头似巢父，琴剑随身不肯住。
>
> 门泊万里槎，问君何处去？
>
> 弱水东游是海门，沐发沧解朝阳盆。
>
> 更欲西行坼河汉，直控星宿逾昆仑。
>
> 从兹心不系，知君百无累。
>
> 展素接混茫，忽动沧湘意。
>
> 我亦江湖泛遍来，无缘不得到蓬莱。
>
> 十二琼楼空帐望，三千玉女解徘徊。

丈夫不能龌龊取荣供妻子，又不能仰看屋梁长如此。

何必更遭飞燕谗，庶几去作王母使。

我思问鼎固知非，君如燮理几时归。

玉浆倘惠故人饭，仁看茅龙两两飞。

　　诗中表达了李调元受谗被谤，欲与故人偕隐的愁绪。同时也透露了何明礼科场受阻后的生涯：他浪迹江湖，像唐尧时的隐者巢父，以树为巢而寝其上；或乘槎出海门，或西行登昆仑……这和清人王培荀记述何明礼"负奇尚气，为游仙击剑之学"可以互为参证，供我们对何明礼的风骨作全面的了解。

　　乾隆四十二年（1777年），李调元未能归隐，他在"引见"后被乾隆皇帝钦点为广东学政。直到几年后，他又一次遭受永保等人的陷害，投入牢狱，险些充军新疆伊犁，后以万金赎归。这期间，何明礼穷途潦倒，"客于山左鄁城周令士孝署中，病卒"。

　　何明礼遗有《江源文献录》《浣花草堂志》《斯迈草》《太平春新曲》《愚庐策论》等书稿。这些著述历经两百多年风雨，未知下落如何。

　　乾隆六十年（1795年），退隐罗江的李调元到达崇庆州，忆事怀人，思念怀才不遇客死异乡的何明礼，沉痛地写下了《宿崇庆州吊何愚庐》：

斯人久已殁，思之亦云怠。

忽从此州过，洒涕难自解。

先生平生作，如百川归海。

流传虽不多，已为模为楷。

何须压元白，始叹才十倍。

自当校天禄，青史橐笔载。

如何电影间，遽埋光铲彩。

李杜锦绣肠，不救寒与馁。

当时走且僵，至今光焰在。

我闻穷乃工，天意或无乃。

荒坟在何处，林皋有礌磊。

欲以斗酒浇，夜市无可买。

　　一生死，乃见交情。李调元与何明礼文人相亲，生死不渝，足可为蜀中士林增色。

十四、盐贩点翰林

李调元的同年、好友——张翯，字鹤林，号素斋，成都府成都县人，"锦江六杰"之一。家赤贫，父死后，债台高筑。已考中秀才的张翯不得不辍学，设馆教徒，借以糊口，尚要还债。生活拮据，捉襟见肘。

无奈，张翯与兄长张翙商议，留弟弟张翯守家，他二人脱下长衫，脚穿草鞋，下海经商。由于本钱不丰，只能做小商小贩，遂从自流井买盐，肩挑船运，经由泸州、叙永溯赤水河而上，运往云贵边境汉夷杂居地出售，获取"十一利"。出入龙潭虎窟，辗转于鸡鸣三省的险山危崖间，与贩夫走卒为伍，胼手胝足，忍饥耐寒，跋山涉水，整整三年。当时儒生，有谁经历过如此艰辛！

千里贩盐，披星戴月，虽没有获得暴利，但一个冬天的月夜在叙永雪山关的茅店里，张翯却惊喜地发现与梅花、水仙为伴，引发诗情，写下这首《咏蜡梅水仙》：

> 梅花如幽人，水仙如处女。
>
> 天然两仙客，为我伴羁旅。
>
> 无风韵自清，有月香更古。
>
> 夜静万籁息，独对二花语。

松竹岁寒交，芝兰同心侣。

何当联臭味，共人此室处。

　　梅花、水仙，唤醒了张翯沉睡的心灵，他在茅店里仰天长叹："利之不成，名又安在？大丈夫终当奋志青云，焉能龌龊为此乎！"遂归成都，闭门不出，潜心学业。

　　乾隆二十一年（1756年），为"科考"之期。科考为选送生员去参加乡试之预考。按清制，凡府、州、县之附生、赠生、廪生，皆须应考。张翯这次考试成绩优秀，列为一等，补为"廪生"。

　　明初规定，廪生每人每月给廪米六斗，清代每人每年银四两——相当于清末的"公费"及以后的"助学金"。廪生名额，大约府学四十名、州学三十名、县学二十名。

　　廪银为张翯提供了基本的生活保障，他被送至锦江书院肄业，准备参加下届的乡试。

　　乾隆二十四年（1759年），张翯与李调元、何明礼等同中四川乡试举人。次年又逢北京会试，举人们积极准备北上应试。可是，张翯却为路费犯愁，家中妻弱子幼，度日艰难。他中举时已穷到"贺客满门而囊中无一钱"的地步！幸运的是，乡试时的座师周于礼［字立崖，云南人，辛未（1751年）进士］怜惜人才，愿意解囊相助，携带张翯同上北京，并邀他住在自己的宅院里。

　　客旅京门，前途未卜，愁怀难释，张翯吟咏成"情兼雅怨，体被文质"的《冬夜书怀》一诗：

弱冠弄丹墨，穷年究书史。

抗志希古人，志不在青紫。

蹉跎三十余，岁月流如水。

客路羊肠盘，微名鸡肋似。

吾生何所成，思之汗流沘。

我昔出门去，儿来牵我衣。

老妻背面啼，敢问何时归。

驱车行万里，远逐鲲鹏飞。

岂屑守门户，徒嗤儿女悲。

年来感流光，壮志已复微。

饥寒恐不免，乡思徒依依。

天公不负苦心人。张翯于乾隆二十五年（1760年）庚辰科联捷成进士，改庶吉士。三年后，庶吉士散馆，授翰林院检讨之职。这时，李调元亦考中乾隆二十八年（1763年）癸未科进士。在文士们诗酒唱和的聚会上，李调元与张翯时常联袂参与，友谊日增。

翰林院虽是清华之所，但官薪不高，应酬又多，如果没有经济上的补贴，日子会过得很清贫。比如乾隆之际蜀中诗人张问陶任职翰林院，冬天只有一件皮袍，与其弟张问安共用，谁出门谁穿，曾自我解嘲："他乡兄弟幸同袍。"后来，任光绪朝京官的四川籍志士刘光第，因无财力雇车，常是步行去上班；除必备的礼服外，平日周身衣履无一丝罗，庭院洒扫及炊事皆由妻儿承担。以此类推，可以想见张翯当年生活的凄清。在张翯《生日忆家》一诗里，透露出了酸楚：

惊秋南去鸟茫茫，眺远徒增岁暮伤。

三十吾生一弹指，五千客路九回肠。

朔风渐冷衣犹薄，去日难留发已苍。

把酒忽思兄弟乐，蜀云燕树镇相望。

然而，张翯却具有儒家思想培育的忧乐天下的情怀，他目光向下，关心北京城里比自己更穷困的贫民。《秋风歌》一诗，表现了他的仁爱之心：

燕山九月风怒涛，千林落木声萧萧。

云霾沙走白日匿，黄叶乱舞霜天高。

入夜风声犹不已，撼窗排闼惊客起。

布衾多年踏里穿，似泼寒宵十斛水。

我曹冷官长苦贫，披絮拥襦体难伸。

却念长安十万户，岁暮岂少无衣人。

朔风起今天作雪，手足冻皱皮肉裂。

安得大裘百丈长，咫尺寒门生暖热。

张鹔在翰林院供职期间，"益发奋为文章"，家居力学，始终如一。李调元对张鹔的人品极为推崇，赞其"人比晚菊霜能傲，诗似寒梅雪炉清"。乾隆三十三年（1768年），张鹔正欲一展长才，不料天公炉厚，他已然疾病缠身。是早年的贫困潦倒，肩挑背磨的劳役奔波，险山恶水的瘴雨蛮烟伏下了病根。六月，病渐深入。八月顺天乡试派充同考官，九月保举担任御史，俱以疾病不能到任。十月十一日卒。"公为人耿介有节操，虽贫不以累人，而赴人之难，如救水火，以故人与之交。辄如饮醇。凡朋友有过，不惜忠告；相负者亦不与之较……所著有《鹤林诗草》十卷，《馆课存稿》十卷，《制义》二卷，《古文》二卷。"

在张鹔患病期间，李调元因父死准备还乡时，曾在北京郊县写过一首《别检讨张鹤林鹔》，概述了张鹔的一生：

张子脱略人，穷达无不可。

通籍十载余，家计仍坎坷。

少年美丰仪，路掷潘岳果。

忽学范蠡术，佐盐鸥夷舸。

拔身龙蛇窟，常恐利为祸。

折节穷经腴，紫袍坚欲拖。

竟遂登瀛愿，珥笔上青琐。

……

按拍歌偏能，舞剑狂亦颇。

临事乃介然，终日神无惰。

与我论旧诗，箧启千束夥。

平生不下人，今乃首肯我。

沉疴已连年，罔顾怯跛庾。

君如悯孤茕，寄我云五朵。

噩耗传来，应张鹭家属之托请，李调元题写了《授文林郎翰林院检讨允国史馆纂修鹤林（鹭）张公墓志铭》，后来收入李调元所著《童山文集·卷十六》。张鹭的事迹，流传于西蜀。

十五、姜锡嘏与孟邵

与李调元同时进入锦江书院的，除张翯之外，于己卯中举、庚辰联捷成进士的，还有姜锡嘏与孟邵，他俩不仅与李调元是同学、同年，而且是患难与共的文明诗友。

姜锡嘏，字尔常，号松亭，四川内江人，"锦江六杰"之一。乾隆二十五年（1760年）点翰林，官至礼部员外郎。姜锡嘏的游踪，遍及南北，故其山水记程最有特色。

姜锡嘏在《行建宁山中》写道：

> ……
>
> 江南风景好，况复入闽瓯。
>
> 草木长为夏，山河不肯秋。
>
> 小桥人过少，深涧鸟鸣幽。
>
> 满目罗苍翠，飞云在上头。

而在《过仙霞岭》里，则另有一番景色：

> ……
>
> 独步严关上，凝目眺远峰。

冈峦森壁立，洞壑乱云封。

翠滴千竿竹，涛飞万树松。

红霞迷岭外，何处觅仙踪。

再看姜锡嘏描写古战场的《古北口》：

嵯峨山势绝跻攀，一线梯悬碧落间。

大漠风烟连雁塞，雄边锁钥控鱼关。

滩声怒激千层浪，岚气平吞万仞山。

海岳升平无战伐，戍楼长对白云间。

这些山水诗，都带有乾隆盛世的升平景象，而不是金瓯残破、风声鹤唳时期残山剩水的写照，也听不到哀鸿遍野的啼号。

多年以后，李调元与姜锡嘏都解职还乡。姜锡嘏掌教于锦江书院，"携子自课"，二人在成都重逢。李调元感触甚深，写有《成都赠锦江掌教同年姜仪部》：

相惊两鬓雪交加，同在林泉各一涯。

半世辛勤为舐犊，何年反哺学慈鸦。

未同李白三杯酒，先吃卢仝七碗茶。

何必江头看春色，锦城桃李属君家。

后来，姜锡嘏还邀请李调元到锦江书院任教，被李调元婉言谢绝，他说自己"病马如今不受秋"，已经过惯了无拘无束、野鹤闲云的隐居生活。这却丝毫无损二人间的友谊。

另一位同年好友——中江孟邵又有怎样的人生之旅呢？

孟邵，字少逸，号鹭洲，四川中江人，"锦江六杰"之一。少年勤学，工文章。

孟邵与李调元一样生于雍正十二年（1734年），乡试中举后，二人又结伴入京赴考。孟邵于乾隆二十五年（1760年）中进士，李调元于乾隆二十八年（1763

年）中进士。在《别侍御孟鹭洲邵》中，李调元写到二人的交谊和生活：

> 与君年齿齐，生辰隔卯甲。
> 气如丰城剑，宝光初出匣。
> 识面省试后，并马离剑峡。
> 连翻上金门，元白君独压。
> 我时扳青云，俶居同巷狭。
> 楼林虽各异，对花酒容呷。
> 分门为挈眷，香闺避串狎。
> 尔时职纲曹，熟精律例法。
> ……
> 行当约南村，青畴共奋锸。
> 看我方塘上，持竿打水鸭。

诗中记叙了孟邵担任刑部部曹时的情景：研习刑法、律例，换去翰林院的绣衣，戴上豸冠，参与审理案件。后来他又做过贵州副主考。

乾隆五十年（1785年），李调元回到罗江。后来，大理寺卿孟邵"致仕"回到家乡。那年冬天，李调元携弟去中江看望孟邵，好友重逢，分外欢喜，便在梅花树下，饮酒吟诗：

> 山迎秀色入城中，天遣清樽此日同。
> 几树梅花诗兴作，一时题遍画堂东。
> ——《偕墨庄至中江访孟鹭洲侍御》

孟邵回归故里后，适志林泉，主讲于中江草堂书院。

李调元卒于嘉庆七年（1802年），孟邵与李调元同龄，却比李调元多活了十几年。孟邵是"锦江六杰"中活得最久的。

十六、《锦里新编》的作者

"锦江六杰"中，与李调元交往最为密切的是张邦伸。

张邦伸，号云谷，四川汉州（今广汉）人，"锦江六杰"之一。乾隆二十四年（1759年）举人。张邦伸和何明礼一样，终生没有考中进士。

举人参加会试，若三科不中，还可以通过"拣选""大挑""截取"三种途径进入仕途。遇挑选之年，由礼部造册，咨送吏部。届期请旨派王公大臣于各省举人内公选。重在形貌和对答。

气宇轩昂的张邦伸，于乾隆三十一年（1766年）初，大挑列一等，先后授河南襄城、固始县令，赈饥民，多善政，为当道所倚重，欲推荐提拔。可是年方四十五岁的张邦伸，淡泊名利，"以母老陈乞归故里"。张邦伸原是一个性情中人，不愿滞于宦途，消磨性灵，消损了著述诗文的才能。

张邦伸颇以诗才自负，其诗作中有许多清新的佳句，如"芭蕉一夜雨，庭院十分秋"（《秋思》），"水澄淮月碧，山入楚月青"（《信阳道中》），"中朝冤狱悲三字，绝塞蒙尘痛两宫"（《汤阴岳忠武祠》）等。

值得注意的是，张邦伸将微贱的草鞋写入诗内，借物咏怀，表现了他的平民意识。其《草鞋》一诗别出心裁：

一緉芒鞋远寄将，着来两脚便轻凉。

不同贵客乌靴样，雅趁山人箬笠装。

花径杖藜行较稳，禅堂对弈脱无妨。

朝天久断王乔梦，一任窗前晒夕阳。

李调元与张邦伸有相同的怀抱，他也作了一首《草鞋，同张云谷作》：

自分身宜着草芽，侯门欲进足先胶。

一生不借惟鞋是，半世为官早屣抛。

忽见朝靴思旧主，偶逢业履当新交。

老夫近颇游山健，只恐难随拄杖跑。

写诗唱和之时，他二人均已卸职还乡，极享山水之乐。他二人又是儿女亲家，相互造访，享尽园林诗酒之乐。从李调元《汉州后营访张云谷亲家西园四首》之三，可以感受到二人相聚时的快乐和雅趣：

将书凭作枕，读画屡开函。

饭罢眠方觉，争棋客正酣。

清谈、枕书、读画、午眠、弈棋，是李、张二人生活的一个侧面。他们将更多的心血倾注在自己的愿景达成中。李调元著述等身，张邦伸也在努力搜集编著乡土文献。李调元曾自谦"输君著述万余言"，便是指张邦伸完成的名著《锦里新编》，以及《云谷诗钞》（八卷）、《云栈纪程》（八卷）等。

《锦里新编》记叙清初至乾隆朝蜀中人物、时事，分列十四门类，其序云：

首名宦，嘉循吏也；次文秩、武功、儒林，志乡贤也；次忠义、孝友、节烈，重敦伦也；次流寓、异人、方伎、高僧，表异行也；次贼裼、边防，慎戎守也；终以异闻，见山海大荒怪怪奇奇无所不有，虽无关于政典，要亦雪夜宴谈所不废也。

《锦里新编》这部书保存了清朝前期有关四川历史的宝贵资料，为关心乡土文献爱好者、地方史志工作者所重视。

十七、题《秋江载书图》

"都中朋好惟君密，蜀下声名与我齐"，这是李调元在《送别桂山》中对李天英的高度评价。他还称赞："永川李孝廉桂山天英，工诗，豪放中有古音。"

李天英，号约庵，乾隆二十一年（1756年）举人。入京会试不第，后遇"大挑"，同张邦伸经历一样，列为一等，外放为贵州开泰县令。"精于吏事，疑狱多所平反。"

李天英，少年即颖异过人，酷嗜吟咏，及壮，天姿卓越，才气高迈。罢官后，益以诗自豪，有《居易堂诗钞》行世。其短章零句，人争传诵。"壮游吴越，如袁子才、蒋心馀、王梦楼诸先生群相推重。"

李天英的诗歌，以五律最为突出，独得诗家三昧。兹选录两首于次：

> 绿净江浮镜，霜飞树着花。
>
> 孤帆一千里，明月几人家。
>
> 正喜东风便，回看北斗斜。
>
> 舵师犹未寝，呼酒酌寒沙。
>
> ——《舟夜》
>
> 不受冰霜挫，焉知此格新。
>
> 花非开顷刻，天为养精神。

一片月横水，十分香到人。

华光久寂寞，谁得貌其真。

——《梅花》

李天英的诗，清远秀逸，如流风回雪，味醇旨远。李天英的一些诗句，先后被袁枚《随园诗话》选入，并获好评，声誉鹊起。

李天英又善书画。李调元曾题咏过李天英所画《扁舟出峡图》，称其"巫山若画屏，十二晚峰青"的构图。

而最令李调元倾倒的是李天英的《秋江载书图》，李调元热情地吟哦道：

余本今之诗狂者，非李太白不取也。

桂山独欲擎鲸鱼，倒卷黄河九天泻。

天有古月青铜磨，地有五岳森嵯峨。

尽入先生锦绣口，喷作云霞供啸哦。

前年作吏黔江涘，人当诗人不当吏。

飘然五柳归去来，侯门一笑羞投刺。

白盐赤甲思故乡，巫山欲问楚襄王。

自言世无识我矣，两岸啼猿知我肠。

朝来示仆秋江轴，翠柏丹枫声肃肃。

醉中一览为莞然，书岂在船在君腹。

桂山桂山今其行，鼓枻恐触蛟龙惊。

洞庭木落倘再过，慎勿投诗吊屈平。

——《题家桂山秋江载书图》

羞向侯门投名刺（名片），千首诗经万户侯，李天英的遒劲风骨尽在于此。李调元赏识李天英的才华，为他莞然大笑，又担心他乘坐的船为蛟龙所触撞。结尾两句，表达了苏轼《贾谊论》的要旨，给李天英善意的警示，要他善爱其身，而不能像贾谊那样，悲愤痛哭，"观其过湘为赋以吊屈原，萦纡郁闷，趯然有远举之志。其后以自伤哭泣，至于夭绝。是亦不善于处穷者也"。

十八、蜀中诗人唐乐宇

前面曾写到李调元勉励同窗好友唐乐宇勿因挫折而灰心，"大器先须小折磨"。唐乐宇被点醒，后来果然再赴科场，中举人，成进士。

唐乐宇，四川绵竹人，少年聪颖，手不释卷，"尽通经史，旁参诸子百家天文星相之学"。

十多岁时，唐乐宇带着自己的诗稿去罗江拜谒诗人李化楠，并与李化楠的子侄李调元、李骥元、李鼎元等切磋学问，吟诗联句，结成文字友谊。

李化楠读唐乐宇的诗稿，对《桔柏渡》中"白沙千里月，黄叶半江潮"一联大加赞赏，提笔写下"剑气珠光，不久尘寰"的批语，并题诗以赠"秋水文章不受尘，小苏端的是前身"，将他比作眉山三苏中的苏辙。

乾隆三十一年（1766年）初，因去北京参加会试，唐乐宇跋涉在秦蜀栈道上，历尽艰难。然而，雄丽山川开阔了他的眼界，启沃了他的宛转情思。收尽奇峰作腹稿，在他的诗中呈现出一幅幅蜀山画图。《朝天关》云：

> 愁听奔雷百折滩，峻嶒峭阁俯江干。
>
> 戍旗落日关山迥，铃铎西风草树寒。
>
> 烟外帆樯通广汉，云中宫阙望长安。
>
> 题诗莫漫愁孤绝，千古魂销蜀道难。

茅店鸡声，古峡霜雪，给书生平添困苦，亦激发其瑰丽雄豪的诗情。《宁羌州雨雪》又辟新景：

> 回首家乡望不真，萧萧风雨伴行人。
> 清骢苦耐闲金勒，红友相邀踏玉尘。
> 剑阁云沉迷旅雁，嘉陵水浅冻文鲛。
> 惊开古驿梅花好，谁折寒香寄早春。

这一科，唐乐宇中进士，时年二十七岁。授户部主事，升员外郎，担任钱法堂监督。

钱法堂，官署名。清制，该堂主管钱币铸造，下设铜署、铅署，有铸工上万人。由于署官和炉头敲诈盘剥、克扣饷银，欠工人们的银子总计两万多两。铸工们忍无可忍，奋起抗争，"喊燥汹汹"，齐心罢工。署官和炉头慌了手脚，忙请维持京师治安的九门提督派兵弹压。清将指挥兵士包围工场及周围胡同、栅栏，提着火枪，如临大敌。铸工们手执铁器，聚众自卫。一场血与火的冲突迫在眉睫。初入宦途的唐乐宇迅速询明了原委。这个来自四川偏僻乡村的读书人，怀着霖雨苍生的善良愿望，一面阻止士兵点燃火枪的火，一面驰赴铸工的棚舍，与他们商谈，表示要查办违法的署官和炉头，令其限期偿还欠债。经过唐乐宇的斡旋，阻止了一场喋血京门的事变。然而在那个是非颠倒的时代，唐乐宇这一同情铸工的行为却招来上司的忌恨。不久，唐乐宇被调到荒凉的贵州平越府，一搁二十年，不予升迁和内调。

平越府在今贵州黔南布依族苗族自治州北部，辖福泉、瓮安、湄潭、余庆等县，属于贫穷落后的苦寒之地。

唐乐宇从繁华的京都骤然来到边远小城，开初不禁有逐臣之悲，感叹"罡风吹落如弃捐"。但当唐乐宇深入民众之中，了解到他们的穷苦，眼见贫民冬天还穿着单衣、喝着玉米糊糊的困境，他的同情心和纾解民困的责任心被激发。

唐乐宇体察民困，春耕时，出巡四乡，劝勉督促，不违农时，并在田间调解民事纠纷。他了解到文教滞后是经济贫困的原因之一，府属各县"能文者寥寥"。没有学校，教师缺乏；乡民迷信鬼神，存有陷巫嗜赌之类陋习。

"好修勤不倦"的唐乐宇自动捐出俸银作倡导，吁请富室捐资办学，在平越府城东南角的墨香池畔修了一座墨香书院，这在当地乃是创举。他鼓励汉、苗、布依族民众送子入学读书，又特地以重金礼聘浙江名士叶梦麟来书院掌教。唐乐宇也常抽公余时间给生员讲学。

经过唐乐宇的惨淡经营，十年树人，墨香书院渐渐有了名气。平越府的秀才去贵阳乡试，接连有考中举人的喜讯传来，从而结束了清朝开国以来，"平越无举人"的文化落后局面。

乾隆五十五年（1790年），唐乐宇调任贵州南笼府知府，屈指算来，他在平越府任上整整二十年了，人生的美好年华在边域度过，那里的山山水水、父老生员，无不系人情思。他深情地写下《留别诸生》：

> 墨池依旧水溶溶，困石蒙泉出故踪。
> 天纵山灵开面目，云交波谲荡心胸。
> 重楼影落三三径，迭翠烟迷九九峰。
> 夜半珠光腾碧汉，几人探海得骊龙。

眷恋平越风物，勉励生员在事业的海洋里探得骊珠，字里行间满蕴着亲情。可惜这首诗竟成了唐乐宇最后的嘱咐——次年春，唐乐宇因奔母丧，哀愁劳累，客死于夔府云阳舟中。

噩耗传到平越，父老、生员主动设灵致祭，并书"政绩留黔江"以吊唁。唐乐宇的好友、平越文士孙文焕在读了其遗著《黔南诗存》《南笼遗稿》后写了一首七绝：

> 瘴雨埃风路饱经，点山遥峙岘山亭。
> 一丛笠屐西归后，九十九峰天外青。

点山在平越府境内。岘山在湖北襄阳南,晋名将羊祜镇守襄阳,常登此山。羊祜为民众做过许多好事,死后人们怀念他,建碑亭于山上,望者悲怆,谓之"堕泪碑"。诗中将唐乐宇比作羊祜,说明人们追怀他对发展黔南经济文化的功绩。

唐乐宇有子七人,有的考中举人、副榜,或为拔贡,在诗文、学术上多能继承父业。

对于唐乐宇的死,李调元是很悲痛的。同学同官,物伤其类。李调元在蒙冤下狱的日子,还得到过唐乐宇的帮助。所以,听闻噩耗后,李调元写下《南笼太守唐尧春,自湖南扶母亲榇至重庆卒,丧过什邡不及,遥作挽诗二首》:

(一)

梦断湖南信,惊旧蜀道魂。

乍迸如雨泪,空负见星奔。

十载庄生蝶,三更杜甫猿。

同官又同学,安得不声吞。

(二)

本期邻是卜,何意旋先回。

车过腹应通,灰燃身已颓。

全家仰朋友,行李仗舆台。

宋玉江边宅,谁为辟草莱。

李调元因思与唐乐宇结邻,而在绵竹东门买宅一事,说明二人相知之深、期盼之切。

黄德明先生在《记清代绵竹唐家衙门和诗人唐乐宇》一文中称:

> 唐家衙门在绵竹大东街,故址就在今天的商业场,它是绵竹文化名城胜迹之一……唐家衙门之所以得名,因为唐家在清乾隆年间出了两个进士,即唐弘宇、唐乐宇弟兄二人。……因此他们的住宅被人们称为

"衙门"。但人事代谢也曾更名为"进士第""尧春巷",可是一般人依然习惯叫它唐家衙门。

名城留胜迹,古桥怀诗人。遇仙桥遗址,还诉说着当年故事:唐乐宇惊呼几个乞丐"足不踏地过桥去",乞丐回头说:"秋进士,勿多言。"唐乐宇中进士晚李调元一科,是科因故改为秋天举行(会试均在春季),唐乐宇考中了,这故事流传至今。

十九、参禅

清初诸帝，都崇奉佛教。顺治皇帝参悟内典，与高僧研究佛理，以至于在他死后民间有"顺治出家"的传说。康熙皇帝多次驾往五台山拜寺朝佛。雍正皇帝自号圆明居士，将藩邸敕建为雍和宫。乾隆皇帝南巡，访游江南名刹古寺，多有题咏。

上行下效，地方官员、士大夫都提倡修复或修建寺庙。在四川，执行移民入川的优惠政策，轻赋税，藏富于民，经过百年的休养生息，社会经济不断发展。民有积蓄，温饱之余，自发地募化集资修复庙宇，从事酬神活动。李调元积极参加这些活动，与民同乐。除捐款外，李调元还为一些庙宇写赞刻碑、题诗作赋。

李调元与一般烧香许愿拜菩萨、求福佑的善男信女有所不同、有所超越的地方，便是他将主要精力放在参悟佛的哲理、感悟人生上，同时，在佛寺空灵的环境中，触发自己的诗情，排解尘世的烦忧。

参禅，可提升悟性，使心灵深处不为物喜、不为物忧，保持平和的心态，得大自在。这种状态被明清士大夫称为"禅悦"，即领悟禅理后的喜悦，视避离痛苦、寻求解脱为生活之道。

对李调元来说，佛寺道观，还是他心灵的避难所。李调元隐居罗江之后，仍不断为世网尘罗所困扰。和珅、勒保、永保的亲信仍在暗中监视他；乡村恶势力在暗中排挤他，盗窃他的财物，引诱他的子弟从恶。更何况，他娶妻胡氏，又先后纳妾万氏、林氏、王氏等，难免会有燕叱莺咤的冲突；他与长子朝础后来矛盾激化……李调元表面上潇洒逸放，内心却有难言的痛苦。只不过李调元的心理承受能力强，能够控制情绪。直到在李调元晚年所写的《童山自记》里，看到他的心路历程，读者才发现冰山一角。

我们还是沿着李调元诗文所提示的路线图去看他与佛道的结缘。首先是峨眉山之行，乾隆五十四年（1789年）五月，李调元与弟李鼎元赴川南同游峨眉山，沿途咏诗有《青神舟中与墨庄同行》《凌云寺》《望乌龙》《自嘉定至峨眉道中作》等数十首。

峨眉山为中国佛教圣地，四大名山之一，雄秀西南。李调元兴致勃勃地题咏了《圣积寺》《伏虎寺》《中峰寺》《广福寺》《峨顶》等篇。其《峨顶》一诗，雄迈千古，云：

> 巍巍一气接鸿蒙，呼吸遥连帝座通。
> 却看云堆平地上，始知身在半天中。
> 一轮光晕圆如日，万点灯明不碍风。
> 六月重裘非诧事，总因渐入广寒宫。

在峨眉山，赠思泉和尚和源明上人以诗。此外，他为凌云寺僧涵池题大佛岩诗。在什邡，李调元与罗汉寺礼汀和尚谈诗、题诗，交往密切。李调元把礼汀比作宋时僧人道潜（号参寥子，住杭州智果寺，善为诗文，与苏轼相契），故《罗汉寺访礼汀和尚》诗中有"连年阅遍西川衲，只有川寮合配苏"之句。

在罗江县北三十里，有著名的马驰寺。其地有灵井，随天气变化，井内时有光芒出现。每当风和日丽，井中又有丝丝云气蒸腾而上，结成云团。马驰寺为罗江八景之一。马驰寺中凤凰山麓，左为九龙山，横云拥翠，右为金顶山，山顶有巨大松树，如伞如盖。马驰寺距离李调元童年读书的鹡鸰寺仅数十里之遥，李调元对其如数家珍，因而记录在他编纂的《罗江县志》里，为家乡名刹的奇观留下记录。

与马驰寺只一字之差的是绵竹的马跪寺。马跪寺院"拍掌泉"，泉水甘洌。

传说有蜀王之妃来寺进香，欲召见住持水观大师，而水观大师不见。蜀王恼怒，骑马赶至寺庙，将处罚水观大师。孰料所骑的骏马到了泉水边，竟长跪不起，似谢罪之状。蜀王醒悟，自责而去。后因战乱荒残，泉水渐涸。清乾隆年间，僧人将其疏理，方池容纳泉水，复现旧观。李调元为此吟就《马跪寺长老重疏拍掌池成诗以志之》：

> 神境清如此，灵山实在斯。
> 王来惊马跪，佛去化鱼池。
> 湮没无人问，披搜独我知。
> 草深围蝇窟，花落网蛛丝。
> ……

在德阳孝泉延祚寺，住持"遍植名花自沃泉"，特在法堂深处的静室留宿李调元，二人谈神说法不觉夜已深。而在江油妙相院，"落叶盈阶僧不见"，李调元亦不扫兴，暂时休息于佛殿，伙房里的张三煮来雅称"蹲鸱"的芋头以飨。李调元腹中乏食，大嚼之，极为赞许，感觉有如鸡肉一样鲜美。

离困园不远的龙神堂，原是李调元儿时常去游玩的寺庙。时光过得真快，当年的寂慧和尚都离开此庙去了他乡。李调元顿感世事沧桑，"忽踏片云何处去？空留孤月向人明"。而只有阶前的放生池水，"终年彻底自澄清"。

光阴荏苒，李调元遥望群山，自叹道："年来林下孰为侣，不是僧流即道流。"

二十、安县行吟

由南村坝囷园西行不远，便是著名的安县神泉（今塔水镇）。据《郡国志》记载，此地"泉十四穴，甘香异常，痼疾饮之即痊，故曰神泉"。神泉附近又有金线滩，水边建有寺庙。

李调元与住持月上过从甚密，每次到安县游览，必去看望月上。

嘉庆三年（1798年）夏天，李调元又动游兴，径直往山水俱佳的安县行来。寺庙刚修葺一新，住持月上在山门外迎接老朋友。李调元乘兴在粉壁上题诗一首：

> 神泉自昔推名县，
> 岁阅沧桑塔尚存。
> 不有跛僧新整顿，
> 焉知古寺旧源根。
> ……

经过秀水古镇，李调元又游览了罗浮山。罗浮山地处平原尽头，突兀拔起，怪石嶙峋，十二峰犹如画屏罗列。李调元沿石级步行至垭口，这里修有石坊、关门，据称原是羌族村民修筑的羌王城。站在城头向前方看去，漠漠平原，无际无边；向后面看去，高山峻岭，重重叠叠，有古道通向阿坝。远处的山峰，犹见终年不化的积雪，银光璀璨，分外壮观。

这一带山区，云横雾绕，烟雨迷蒙，煎茶坪等地盛产茶叶。"春雨足时茶户喜，夏云深处酒家多。"

品茗饮酒，李调元乐不思归，"更寻吴隐士"，"禅床暂挂单"。

山坡上，玉米成熟了，这是山民赖以生存的主粮之一。一位老农将玉米煮好送来，请李调元尝鲜。啃着这既清香又粗粝的食物，李调元又咏成一首朴实无华的、歌颂玉米的诗歌：

> 山田玉麦熟，
>
> 六月挂红绒。
>
> 皮裹层层笋，
>
> 包缠面面棕。
>
> 儿饥烧作果，
>
> 郫呃酿成筒。
>
> 此日尝新始，
>
> 贪馋笑蠢翁。

只有与民众同甘共苦的乡土诗人才会礼赞玉米这种粗粮，一洗锦衣玉食的浮华。李调元与田舍老翁、饥民坐在一块儿，啃玉米，喝用玉米酿就的呃酒。只有李调元这类摆脱浮世纷扰，远离了宦场波澜，习惯于寂寞，贴近民众的诗人，才愿意去写、也才能写出这类民歌味浓厚的咏物诗。

大安山下，有一株高大的柏树，它被称为古柏王。古柏王又分出七根枝干，故名"七根柏"。此外，古柏王的周围还屹立着另外七棵柏树，像一列拱卫它的卫士，被称为"七贤柏"。

据《安县志》记载：隋文帝开皇年间，蜀王杨秀到此游览避暑，栽下七棵柏树，并建有玉亭、寺庙等，迄今已有一千三百多年历史了。

而在安县村落间，李调元还听到了关于古柏的优美传说：

据称在一千多年前，大安山麓有一座寺庙，里面住着七个小僧和一个老僧，师徒自耕而食，过着清贫的生活。一天，老僧要出远门，临行前抱回一捆柏树苗，叫小徒弟栽在庙门前。小徒弟栽了七棵，天气突变，雷电交加，风雨大作，他便把剩下的柏树苗捏成一把插在土里，欲待雨停后再来分栽。不料适逢雨季，大雨连日不停，几天过后，树苗已全部成活，不便再分。那先前分栽的七棵，就是今天的"七贤柏"，而那不便分栽的一把，就是今天的"七根柏"。

在"七根柏"前，李调元为它那直插云霄的伟岸、饱经沧桑的阅历、苍劲挺拔的傲骨所触动。这古柏，多像顶天立地的贞臣志士呀！

在郁郁葱葱的树荫里，李调元在石壁上题写了一首寄慨良深的七律——《安州七贤柏》：

古柏青苍不计年，
饱经霜雪色犹妍。
葱茏干劲高千尺，
神秘枝分与七贤。
……

二十一、云暗罗江哭雁行

......

是吾兄也亦吾师，

伯氏风流合在兹。

报国文章昆与弟，

传家衣钵礼兼诗。

运河两载清风播，

粤岭三年藻鉴持。

有德自应兼有寿，

南山频愿祝期颐。

——《雨村大兄五十寿诗》

这首诗是李调元四弟李骥元送赠李调元五十一岁诞辰的祝寿诗。"运河两载清风播"，进一步为兄长铁牢沉冤鸣不平；"粤岭三年藻鉴持"意在颂扬李调元做广东学政，主持文运，培育桃李。罗江李氏家族素有耕读自给、诗礼传家的家风。作为长兄的李调元，青年时代曾在环翠轩教亲弟弟李谭元读书，叔父李化樟命李鼎元、李骥元来环翠轩同读。李调元既是兄长，又当老师。

李氏家族是罗江本地人，但人丁不旺，在曾祖父李攀旺、祖父李文彩那一辈都是单传。

依大排行计算，李调元弟兄共有五人，据年齿为序是：李调元、李谭元、李鼎元、李骥元、李本元。五人之中，李调元、李鼎元、李骥元均先后考中进士，加上李调元的父亲李化楠〔乾隆七年（1742年）中进士〕，故有"一门四进士"的盛誉。

五弟兄像大雁一样，展翅高飞，在风雨征途中，各自去经历艰难的人生之旅。他们经常是天各一方，然而情谊却与日俱增。彼此之间，音信常通，相互唱和。

距李调元家不远处，有一座鹡鸰寺，幼年时五弟兄常去寺内游玩。弟弟们问大哥："这寺庙怎么取这样一个名字？"李调元回答："《诗经·小雅·常棣》吟咏过'脊令在原，兄弟急难'，言鹡鸰流离失所时，飞鸣求其同类。后世因以鹡鸰比喻弟兄。"随着时间的推移，他们弟兄渐已进入中老年，依然兄弟情深。

和世间万事万物一样，人世有代谢，有聚必有散，有生就有死。五弟兄中，李谭元最先离开人世。

> 青天忽见雁行分，
> 痛哭龙山讣远闻。
> 李广难封真有数，
> 刘蕡下第岂无文？
> 墙头风雨千秋业，
> 宅外溪山四尺坟。
> 记得当年同试日，
> 人传锦市有机云。

这是李鼎元悼念堂兄的诗。李鼎元与李谭元年岁相近，二人曾同去成都应乡试，风华少年，文采风流，被当时人比作西晋文士陆机、陆云两弟兄。可惜的是，李谭元"才命两相妨"，科场失利，运气实在不好。

李鼎元境遇稍好，于乾隆四十三年（1778年）戊戌科考中进士，授翰林院编修，后升兵部主事、内阁中书。

嘉庆四年（1799年）初夏，李调元闻得三弟李鼎元将作为钦使乘海船去琉球，甚为高兴。当时，琉球是清王朝的藩属，与清王朝交往密切。清代士大夫视漂洋出使为殊荣，当时有"不能为帅但愿为使"的说法。为示慎重，行前皇帝特赐正副使臣一品官衣及龙旗、御仗、裘马、珠冠，荣耀非常。

这次远游，李鼎元饱览海外山川灵秀，这使得他的诗文更别开生面。诗中描绘了"凌波微步似仙鬟，水折云回故故弯"的姑米山；刻画了海岛居民的生活习尚，如"球人知孔庙，舟子重天妃""舞童多采袖""壶浆酸米肌"……李鼎元将琉球的海产、果品、草木、衣冠、礼制、风俗均收入日记。

正当李调元在家乡为三弟李鼎元出使琉球而兴高采烈的时候，忽然晴空中霹雳骤响，噩耗传来，他的四弟李骥元在京师因患吐血症而亡。

李骥元于乾隆四十九年（1784年）甲辰科考中进士，入翰林，迁左春坊左春允，曾典试山东。嘉庆三年（1798年），擢升为上书房行走，"不日将大用"。孰料，次年五月，遽然辞世。李调元悲痛地悼以诗云：

> 好学颜回偏短命，
> 讴诗李贺竟捐身。
> 临风哭罢还呜咽，
> 三李如今少一人。

诗中的"三李"，专指考中进士，以诗文名扬海内的李氏三弟兄。

李调元含着热泪阅读李骥元的诗稿。《游两粤》一诗中，俊语如珠，"江连龙水驿，山接象州城""僮长腰横剑，蛮娘髻插花"，都写得工稳自然。最使李调元柔肠百结、感触万千的，是李骥元的一首情文并茂的赠别诗：

> 谁遣春花伴客旋，
> 声声祖帐咽离弦。
> 月明燕市嘶征马，

云暗巴山响杜鹃。

搅辔空怀齐物志，

还家快读养生篇。

相思莫患书难寄，

鸿雁犹能到日边。

而今，杜鹃啼血唤不醒亡弟的魂魄，纵有书信，亦难寄往泉台。李调元满怀凄楚，愁对着云龙山麓淅淅沥沥的苦雨。李调元怀念远在京师的李鼎元，但见面的机会很渺茫。

李调元到幼年时弟兄结伴常游的鹡鸰寺，为早逝的弟弟上香，做佛事。袅袅香烟中，痛感人亡物在，悲从中起，四顾苍茫，不禁叹息道："烟迷古寺悲鹡鸰，云暗罗江哭雁行。"

二十二、成都"小蓬莱"

一束束玫瑰花，鲜红的、淡红的、浅黄的，带着露珠，装在花篮里，由卖花翁挑着沿街叫卖，浓郁的芳香，熏透锦城的大街小巷。朱门开处，走来了买花插瓶的女孩儿。

> 月篮衫子不穿裙，
> 水鬓长长两面分。
> 笑唤卖花人站住，
> 这花值钱几多文？

这首《成都竹枝词》描绘了一幅成都的风情画。当时以养花为业，美化自然环境，装点锦城春色的，首数在城南经营"半亩园"花圃的张翁。

嘉庆五年（1800年）暮春寒食节，年将七十、皓首白须的四川名诗人李调元在女婿的陪同下，来访张翁的"半亩园"。李调元这时正在编写《醒园花谱》，特地来找育花为业的老人摆谈。李调元拄着拐杖，兴致勃勃地步行到孔庙后街（今文庙后街），随口吟道：

> 槐叶微疏柳叶遮，

宫墙外面即张家。

张翁的花圃，迎门是一座玲珑的假山，恰似屏风一道；绕过假山，眼界豁然开朗：小径曲栏，花木清幽，沁人心脾的芳香，向四处流溢。园内遍地植育着玫瑰花，有盛开的，有半开的，有含苞的，像一大群姐妹簇拥着、摇晃着、嬉笑着。园里还有小小池塘，储水供浇灌花儿用。池面上，圆圆的小荷叶，翡翠般明丽，浮在绿波上面。

此刻，主人上街卖花去了，园里只有无数的蜜蜂嗡嗡地在花丛中飞舞。李调元很遗憾没有缘分见到那位胼手胝足、自食其力的护花老人。但在茅屋的门坊上却瞧见一副字体古朴、笔墨粗疏的对联：

抱瓮灌园能免俗
卖花买酒不为贪

落款处有"主人自书"四字。李调元看了，频频点头，对女婿说："张翁情趣高尚，真是市井中的贤人。"女婿趁势向岳丈建议："大人何不题诗留赠，以志今日的春游？"

咏诗题壁是文人的习惯。笔墨是女婿随身携带着的。选了一角粉壁，李调元笔走龙蛇，题诗一首：

阑干曲径锁青苔，
闻道幽人出未回。
洞里乾坤如许大，
便应唤作小蓬莱。

很快地，李翰林在"半亩园"题诗的故事传遍了锦城的大街小巷。诗歌的力量真大，张翁的"半亩园"花圃从此被众人改称作"小蓬莱"。

二十三、火烧万卷楼

在和煦的春阳普照下，嘉庆五年（1800年）四月的成都，绿树婆娑，翠如锦绣。

成都古城，明末清初经历了频繁的兵燹、瘟疫，"城郭鞠为荒莽，庐舍荡若丘墟。百里断炊烟，第闻青磷叫月。四郊枯茂草，唯看白骨崇山"。清代前期，经过数十年休养生息，四川经济得以复苏。康熙初年重修成都，乾隆四十八年（1783年）又大修，城周二十二里三分，东西相距九里三分，南北相距七里七分。"芙蓉围绕几千株"，不仅绿化城市，平添秀色，而且"锦江不少吴船泊""缫丝听似下滩声"，手工业、商业也较为繁荣。

李调元缓步跨过前面不远的三桥，但见高拱的桥洞下，划过一艘艘小巧轻盈的舴艋小舟。他记起雍正九年（1731年）成都知府项诚奉巡抚宪德面谕，"疏浚金水河，便利人民"，"凡商贾舟楫，由大河拨换小船，直通满城"，计自西门外磨底河起，穿满城，过三桥、青石桥，直至东门外府河止，疏浚一千五百多丈。从成都四郊贩运蔬菜瓜果柴米的载货大船，可以停泊在东门外九眼桥一带。改用小船经水关直接将货物运入城内的大街小巷销售，商民两便；而且给锦城增添了一种江南水乡的韵味。触景生情，李调元不禁缅怀起造福乡梓的先贤来。

这年三月，白莲教起义军逼近绵州。李调元为了避乱，暂时离开故里来成都已一个月了。

四月的一天上午，李调元让老家院跟在身后，自己手里提着给小孙女买的雪片糕糖盒，漫步向青石桥畔的浣花居酒楼走去。

汤汤金水河由西向东穿城流去，水曲小桥多，人家尽枕河，它像省城的一条动脉。沿河两岸，房舍如栉，小巧玲珑的浣花居，濒河而立，青砖粉墙，红漆栏杆，确是一所清幽所在。

李调元在酒楼上占了一个临河的座头，要了一壶剑南春、几碟冷盘腌，一边阅读唐人诗文集，一边自斟自饮。

汪洋恣肆的古文，俊逸性灵的诗歌，李调元读得津津有味。很久之后，李调元才把目光从书上暂时移开，眺望了一下窗外的景色。临河的楼台，颇似江南景物，一缕诗情，倏地萦回在李调元的脑际：

> 妙文读来意兴酣，
> 试问谁家酒满坛？
> 青石桥边浣花水，
> 锦江春色似江南。

李调元正在推敲的时候，忽然听见邻座的闲谈声，隐隐约约提到罗江万卷楼。邻座是锦江书院肄业的几个生员，正在传看一份木刻的邸报。

"邸报上说，罗江万卷楼被烧了。"

"可惜呀，李翰林珍藏的古书，搜集不易。"

"白莲教那些人真可恶，为什么要毁灭西蜀文化呀！"一个小后生愤愤地说。

一个年纪稍长的胖子带着疑问的口气说："邸报上说，他们在江油溃败了。怎么又会单单跑到罗江来放火，又只烧万卷楼一处？"

"是呀，奇怪，以往也没有听说白莲教火烧民房呀。李调元又与他们无冤无仇！"

"唉，老诗人该不会烧死在里面了吧？"

"不烧死，怕也要气死。老人家毕生的心血呀！"

这时，忽听得嘭的一声，邻座有人摔倒了。

"哎呀，这老者喝醉了吗？来人呀。"

家院闻声赶来，见李调元昏迷不醒，连雪片糕糖盒也绊落于楼板上。家院与众人忙将他抬到椅上，然后打发店家去万全堂请医生。

汤药难以治疗心灵的创伤，李调元的心在流血。十天之后，趁守护的亲人不留意，李调元悄然出走了。

李调元返回故里。云龙山葱茏如旧，可困园只剩下一片断壁颓垣、枯树焦土。老人蹲在瓦砾堆里，他白发如银，没有编辫子，一任散发披在肩后；他眼睛布满红丝，眼窠深陷，目光呆滞而冷傲。在李调元的身边，有一个黄绫袋子，里面装着他刚才用双手捧起的纸灰。此刻，李调元吃力地用枯槁的双手在焦地中刨出一个深坑，手指头早已血肉模糊，但他并没有感觉到疼痛。他的躯壳还留在尘世，他的心却已追逐纸灰飞上九天的琅嬛洞了。琅嬛，这天上仙人藏书之府，可有万卷楼的藏本？可有《函海》的松墨清香？"标签列锦缋""金简披衡塞"，该不会再遭火焚了吧！

坑挖好了，李调元的神志清醒了一些。带血的手颤抖着捧起黄绫锦囊，将它端端正正地放进坑内……啊，诗人在"葬书"，这是"老还小"的幼稚的举动吗？不，这是老诗人返璞归元的一片童真。李调元没有泪了，泪泉早已干枯。充满红丝的眼中，燃烧着的是火。

嘴唇已经干得裂口，嗓子眼儿里快冒青烟了，李调元声音嘶哑，却还在吟咏，如泣如诉地为书籍"招魂"：

> 烧书犹烧我，我存书不在。
> 譬如良友没，一恸百事废。
> ……

李调元仰望昊空，发出"天问"：

> 胡不止燔庐？无庐犬可吠。
> 胡不焚我身？我身有玉佩。

胡不燔妻孥？其家本卖菜。

胡不伤我嗣？有孙堪负耒。

如何火吾书，一炬似一刘。

无数古圣贤，飞升引成队。

亦有群仙妹，腾空犹绿黛。

……

问天我何辜？天高不闻慨。

问地我安居？地默言难代。

恨不排云汉，早决天河溃。

击之以雷霆，沐之以沆瀣。

剜出祖龙心，祭起羲皇辈。

……

据塘报，三月官军已获胜，白莲教军并未到达罗江，为何要将纵火责任栽到白莲教军身上？……这一切，说明其中有阴谋。李调元已料定这是奸人移花接木的奸计。有纵火嫌疑的惯盗，为何不拘捕审讯？

暮云四合，乌鸦噪林，李调元立起身来，沿着云龙山脚漫无目的地走着。荆榛挂破衣衫，李调元没有察觉。山路凹凸不平，有时将李调元绊倒，爬起来，他又接着走。暮霭更浓了。眼前忽然一片水光，原来李调元跌跌绊绊来到了罗纹江畔。这时，月亮冲出云围，向人间遍洒清辉。罗纹江上，波光月影，璀璨烁目。啊，那江心行吟的，不就是"制芰荷以为衣兮，集芙蓉以为裳""扈江离与辟芷兮，纫秋兰以为佩"的屈原老前辈吗？你还驾着鸾凰、凤鸟在"上下求索"吗？南后、靳尚的奸火，烧焚了东皇太乙庙，可是，毁不了你光照万代的《离骚》！等着，李调元紧步后尘，追随你来了。啊，那江心放歌的，不就是"戏万乘若僚友，视俦列如草芥"的诗仙李白老祖宗吗？浊世昏昏，"群沙秽明珠，众草凌孤芳"；你傲骨嶙峋，不肯媚世苟合，"安能摧眉折腰事权贵，使我不得开心颜"！眼前的春水微波、皎洁明月，不正像采石矶畔的景色吗？老祖宗呀，你踏波劈浪，要往水晶宫底去捉明月吧？等着，李调元在效法你，沿着你走的路跟来了。啊，那江的彼岸，不就是你描绘过的境界："青冥浩荡不见底，日月照耀金银台。霓为衣兮风为马，云之君兮纷纷而来下。虎鼓瑟兮鸾回车，仙之人兮列如麻。"乐园就在前面。李调元张开双臂，踏着月影，凌波而行，向梦幻般的、水月交辉的银色世界走去……

"爷爷，爷爷！"突然，娇稚的童声传来。是银铃？是天籁？如莺鸣，像鹃啼，一声比一声凄厉，一声比一声急切，飘来了，飘来了。白衣素裙的小孙女儿，像云团一般托护着投江的老人，她使劲地拖着，搡着，解救垂危的老人。

是人性的诚挚的激情驱使？是深沉的骨肉的爱的推动？罗纹江边，出现了一个奇迹：七岁的弱女救起了年近七十岁的老祖父。

爱有多深，超乎寻常的负荷能力就有多大。

清凉的江风吹拂着孙女的头发，潺潺的流水为她拨动琴弦。星月的清辉把沙滩镀染得晶莹、皎洁，碎银般的白沙上，深深地印下了两行小小的足迹……

二十四、纵火贼身后之人

是谁，出于什么动机，纵火焚毁了万卷楼？

这场劫火发生在嘉庆五年（1800年）四月初三日。嘉庆五年春，在李调元的家乡周围恰恰发生了一次震撼全国的战争——江油马蹄岗大战。

江油与罗江相距不远，均属绵州管辖。江油是这次大战的主战场，罗江亦被波及。

马蹄岗之战是清代中叶最大规模的战争之一，是白莲教农民起义运动中至关重要的一次战役，对当时的四川政局影响很大，也影响了李调元的晚年生活——他因避乱去成都，故居困园被焚，万卷图书付之一炬。

战乱之后，民间普遍将劫火与白莲教起义烽火联系起来。1984年出版的《四川古代名人》中亦含糊其词地写道：

> 李调元"万卷楼"珍贵藏书，是四川文化史上的一大丰碑。这一巨大的宝库，不料于嘉庆初年焚于匪患，尽化飞灰，这是四川文化史上一重大损失。
>
> 李调元"万卷楼"被焚情况是：嘉庆初，四川白莲教起事，当时各地警报频传，社会混乱。嘉庆五年（1800年），李调元全家避乱成都，而"万卷楼""忽被土贼所焚"。李调元归来后，但见平地瓦砾飞灰。

他当时悲痛欲绝……

"万卷楼"被焚后，李调元"意忽忽不乐"，忧郁哀伤，于嘉庆七年（1802年）十二月二十一日悲惨地离开了人世。

这几段文字，错误地把"警报频传，社会混乱"，归因于"四川白莲教起事"。因白莲教起事，万卷楼"忽被土贼所焚"。文中没有对"土贼"进行分析，从上下文的语气来看，"土贼"仿佛是白莲教徒，或许是响应白莲教起事的内应或同盟者。这样遣词含混的行文，势必导致误会产生。

鉴于这个问题，在清代四川历史上"干系非小"（著名教育家张秀熟先生语），为了澄清史实，追本溯源，有必要对马蹄岗大战作一番考述。

嘉庆元年（1796年），爆发了蔓延五省（川、鄂、陕、豫、甘）、转战九年的以白莲教为组织形式的农民大起义。这次起义给清王朝以沉重的打击，是清王朝由盛入衰的转折点。著名的起义军首领有王聪儿、姚之富、徐天德、冷天禄等，在他们不幸牺牲之后，四川通江起义军青年首领冉天元成了农民军的中坚。

嘉庆四年（1799年）冬，冉天元由巴山老林出兵，巧渡嘉陵江，率师由西充、射洪、南部、盐亭、梓潼、绵州、江油而西，准备经龙安府北进甘肃与友军会合，以图更大的发展。

在义军向川西进发之际，清廷上下都很担心成都的防守。成都承平百余年来，将嬉兵懈，驻防的成都满洲将军阿迪斯本是弩驷之才，不堪重任；经略大臣额勒登保又屯兵在甘肃，遏阻义军张汉潮部"窜扰"。因之，唯有寄希望于参赞大臣德楞泰的一支偏师。

这时候，德楞泰统领八千劲旅，转战广元、昭化一带，麾下赛冲阿、阿哈保、温春等，世称悍将。

德楞泰，字惇堂，伍弥特氏，正黄旗蒙古人。乾隆中，以前锋、蓝翎长从征南北，赐号继勇巴图鲁，寻授副都统，迁护军统领。

在镇压白莲教起义军中，德楞泰"智勇双全"，心毒手狠，姚之富、王聪儿、罗其清、冉文俦都死在他的铁腕下。

德楞泰常以儒将自命，既通蒙文，又谙汉文，且能写诗。在戎马生涯中，德楞泰特别注意延揽人才，"识量过人"。随身亲兵中，有一队吉林索仑兵，个个精壮、剽悍，擅长强弓硬弩，不论马上马下皆能百发百中。这一队索仑兵，归一个名叫苏尔慎的头目统领。

德楞泰入川以来，特别优礼四川乡勇头目罗思举。"罗思举，字天鹏，四川东乡人。少有胆略，身手矫健，逾屋如飞；贫困，曾为盗秦、豫、川、楚间……久之自悔。""教乱"起，充乡勇。曾"只身夜入贼营"，火攻劫杀。罗思举甘为清廷效命，打起仗来特别卖命，劫丰城，破安乐坪，攻箕山，"善因险出奇，以少破众"，因而名震川东，乡勇从之者如归市。于是自成一队，号"罗家军"。

德楞泰奉令专讨冉天元之后，深感责任重大，他预感到只有依靠熟悉民情、地形的"罗家军"协剿，自己才能有恃无恐。因此，德楞泰发出羽檄，急调罗思举由绵州率乡勇三千奔赴江油参战。

经过一番布置，德楞泰的骑兵衔枚疾进，由广元经竹园坝、小溪坝、两河口来到江油，扼守住冉天元经江油奔龙安赴甘肃文县的去路。

冉天元部攻克南部，击毙县令王赞武；义军入盐亭、射洪，射洪知县张明彝自尽，沿途民众纷纷参加义军。队伍来到剑州（今剑阁）境内。嘉庆五年（1800年）二月，冉天元等部又由剑州的元山场向江油进发。途经乌龙寨，守寨的清军妄图螳臂当车，结果被起义军一阵猛攻，攻破寨堡，击毙守将马元德。二月下旬，义军五万人马（五万之数，据张邦伸《锦里新编》）来至江油马蹄岗一带。

当年的马蹄岗，丘峦起伏，树林葱郁，蜿蜒十余里，向西去中坝巡检司，向东去重华镇，均需经过这儿。岗前的将军箭（古代的一种指路碑）侧还立着一块诗碑：

乱山高下路东西，
草色青青送马蹄。
怪石尽含千古秀，
春阴不解宿云低。

清军与义军的遭遇战是在新店子开始的。二月底，冉天元率部夺路而西，且战且走，突然于新店子将清军德楞泰部的左营、右营、前营包围，双方鏖战直到天黑。冉天元左手受伤，仍指挥杀敌，清军伤亡更为惨重。

三月二日，冉天元率大队人马驻马蹄岗，埋伏万人于火石垭后。德楞泰令赛冲阿攻仓家沟，阿哈保攻火石垭，温春攻龙子观，自率大队直扑马蹄岗。德楞泰催军深入，经过义军的数重埋伏之后，他才知道中计了。

山岗上连珠炮响，火光冲天。义军首领徐万富、汪瀛、杨步青等八路迎敌。清军仗恃火器厉害，抬炮、鸟枪齐发，声震山谷。然而义军毫不退缩，反而围裹而上。原来，冉天元早有妙算，令义军"人持束竹、裹湿絮以御铳矢"。敌人射出的弹丸、箭镞，多半陷在湿棉絮中，火器不能施展其能。双方激战了三天三夜，鼓声动地，烟尘弥天，清军又饥又渴，伤亡惨重。到后来，清军鼓暗角哑，纷纷溃散。"德楞泰率亲兵数十，下马据山巅，誓必死。天元督众登山，直取德楞泰。"

在这千钧一发之际，乡勇头目罗思举率兵急驰而至救援主帅。冉天元望见山后突然出现"罗家军"的旗号，略微分心，稍不留神，却被德楞泰身边索仑兵头目苏尔慎飞箭射中坐骑，马惊厥，冉天元落马被擒（后解至成都凌迟处死）。义军失去元帅，战斗力大为削弱，清军反败为胜。

当义军沿涪江而上的时候，兵锋于三月抵达绵州金山驿。绵州州治以往都设在金山驿，只因乾隆三十二年（1767年），涪江大水，冲坏旧城，乾隆三十四年（1769年），绵州州治移往罗江［直至嘉庆七年（1802年）二月，州治仍移金山驿，罗江恢复县治］。白莲教起义后，绵州知州刘慕陔率乡勇去金山驿堵御，重筑绵城。四川总督大营也移往金山驿，以全力扼守涪江沿线。

羽檄纷驰、烽火连天之际，李调元"仓促携眷，避寇成都"。江油马蹄岗战役，义军失利，其余部仍分散抵抗，与官军拒战在涪江两岸。

就是在这个节骨眼上，濒临战区的罗江万卷楼被焚，时人多以为是兵祸延续，"城门失火，殃及池鱼"。正如俗话所说，"黄泥巴沾在裤裆里，不是屎也是屎"，义军几乎背了黑锅。

细加考察，白莲教军被阻涪江一线，并未扰及罗江。少数渡过涪江的小队伍，亦于四月初三被清军驱赶过江北去了。而万卷楼被焚，是在三天之后的四月初六。

事后，李调元也清楚劫火与白莲教军无关。李调元在半年后与友人赵翼的信中写道：

> 所惜者，家有万卷楼，皆在通永道任所抄四库全书附本，及历年所购宋本，并古器俱贮于楼上。自四月初三日，教匪过涪江，窃幸可免。不意初六日，为土贼所焚，片物无存，不毁于教匪而毁于土贼，心实难甘。

这里明确指出纵火者是土贼。那么，是什么样的土贼呢？纵火者抓到没有呢？

对于史书和文人笔记里称呼的"贼"，也要作具体分析。其中，不少是饥寒交迫、铤而走险的民众；但亦有部分是横行乡里、为非作歹的惯匪、无赖。

李调元所指控的土贼，与白莲教农民起义军无关。而且在同一封信里，他还进一步指出：

> 窃思土贼不过村中人，非如教匪之来自远方也。村中土贼不过二三人……今据看楼长工向贡所供，亲见火起时从中走出何士选、丁娃子二人，及打抢日倡言烧楼之刘俸彰及子常禄、宋士义三人，皆地方历来窃贼巨魁。

于此可见，何士选等五人系地方恶势力、惯盗巨魁，在农民起义军逼近罗江之际，并非响应或投奔义军，而是趁火打劫，制造混乱。何士选他们"打抢"李府于前，又想掩盖罪责，"倡言"火烧"藏书万卷"的书楼，暴露出野蛮乖戾的真面目，这是流氓无赖特有的疯狂破坏性的表现。

土贼有名有姓，照说审理这件纵火案也就很容易了。绵州知州刘慕陔与李调元原有交往，后来从赵翼的信函里又知道刘慕陔是赵翼的内侄。按常理而言，于公于私，他都该为李调元审清纵火案。然而，办案过程却波谲云诡，横生意外，使人不得不产生新的疑窦。

万卷楼被焚后，知州刘慕陔曾亲临现场查验，然而只微问大略，虚与委蛇。几个月过去了，仍未见质讯何士选等重大犯罪嫌疑人。是由于官吏怯懦，惧怕报复？然而当此时也，白莲教起义军惨败之后，清廷已胜券稳操，各地都在残酷镇压白莲教徒。照说，几个土贼更是微不足道，要惩办他们是轻而易举的事。

但土贼竟然逍遥法外。李调元“屡白州尊，乞追火贼”。但是，州尊却“模棱了事”，以“尚未弋获”搪塞，致使李调元长叹“乞师终不出，无路学包胥”。在另一首谈到万卷楼被焚的诗里，李调元沉痛地写道：“尧亦出十日，舜亦有四凶。口不敢言心敢怒，何必毒怨新祖龙。”这里透露出土贼的身后有背景，有靠山。这靠山像虞舜时作恶多端的四凶——四个部落首领一样，颇有权势，采用祖龙（秦始皇）的焚书坑儒的办法来迫害一个白首穷经、埋头著述的老人。高压之下，诗人敢怒不敢言，有冤莫伸，甚至不能效法申包胥，作秦廷七日之哭，向朝廷求得救援。疑云重重，这是为什么？

知州之所以棘手者，不在土贼，而在有铁腕人物庇护土贼。由此着眼，此案的疑难问题得以迎刃而解。

联想到李调元在通永道任上的蒙诬，想到他归里退隐之后，如履薄冰，惴惴不自安，常叹息“得句每遭人败兴”“泰山有虎视方眈”。李调元虽然身居山林，闭户潜居，仍感到魔影憧憧。十多年来，李调元畏谤避祸，钳口结舌，不见官府，不谈世事。在《答姚姬传同年书》中，李调元曾披露过自己的隐衷：

> 弟之所以伏处而不出者，有三意焉。其一，一生赋性至蠢，过于刚正，不惯外任，诚恐再遭倾跌，不知何处又觅万金也。其二，多与宰相为忤，画稿则得罪于阿、舒二公，揭员则得罪英公，虽冤结前生，事由同官酿成，而内而同部，外而同省，事皆由永姓一人怂恿……

这里所指的“永姓一人”，即永保。从吏部考功司结怨，到直隶通永道丢官，李调元均遭永保陷构。

嘉庆四年（1799年）春，太上皇乾隆逝世后，和珅虽然被处死，而受和珅提拔的永保、勒保兄弟却早已重权在握，成为封疆大吏。同年，永保署陕西巡抚，七年，授云南巡抚。勒保更是官运亨通，从嘉庆三年至十一年（除短时期调离外）都在四川总督任上，并担任过经略大臣。

"夫何天狗星，独嗾文昌吠"，这是李调元友人严学淦《吊书·长短歌》中的两句。文昌星即文曲星，传说是主持文运科名的星宿，此处借指李调元，偏有天狗星嗾使狗群专向文曲星吠咬。诗里隐有所指。联系上文所引，李调元诗中所指的"四凶"，以及自己敢怒不敢言、"无路学包胥"的情状，种种蛛丝马迹，不难推断：和珅、勒保、永保之流时常思量着加害李调元。

适逢其会，土贼焚抢了万卷楼——土贼恐亦洞悉李调元与当道不合，故而明火执仗、胆大妄为——虽非事先与铁腕人物预谋，但案发后得到他们的庇护。因之，知州虽同情李调元而卒莫能破案。铁腕人物幸灾乐祸、"觸眼皮"的目的是逼使李调元呼天不应，愤不欲生，从而借刀杀人，其用心何其毒也！

从史料中获悉，火烧万卷楼后，勒保因拥节旄指挥军事，常往来于成都与锦州之间。而且勒保其人，本非良善，"在蜀数年，民不堪命"，民众呼他为"蜀督赋"。勒保的性情又暴戾狭促，常责打奴隶至毙。就是这样一个恶人，包庇土贼，使李调元有冤无处申。内外煎逼，上下夹攻，其手段之卑鄙恶辣，令人发指。厄运，攫住了一代宗师……

二十五、清明节祭扫薛涛墓

自青年时代在成都锦江书院求学以来，数十年间，李调元多次往返罗江与成都之间。嘉庆七年（1802年）春，却是李调元最后到成都访友，诗酒流连了。

那天是清明节。先一日由华阳名士高若愚邀李调元住在东门外的真武宫（真武宫的遗址，20世纪50年代修建为水井街"望江剧场"，演出川剧四十年，后随水井街拆除）里，由晚辈李延亭负责接待，照顾起居。一批朋友，相约第二天在白塔寺集合，一同去为唐代女诗人薛涛扫墓。

年近七十的李调元显得衰老了，行走要依靠李延亭搀扶，借住真武宫一宿。次晨，二人缓步向河边走去。

李调元经过黄伞巷时，突然兴致极好，走进一家紫藤掩映的小院，要去拜访"顾翰林的后人"。一位家院迎出，说："少主人外出了。"李调元留下名帖，说了声"改日拜访"，便和李延亭退了出来。

李调元向李延亭详细介绍顾宅已故的前辈顾汝修——

顾汝修是一位不应遗忘的乡贤。顾汝修，字息存，号密斋，成都府华阳县人。乾隆七年（1742年）考中进士，点翰林，后升任直隶顺天府尹（管辖北京及京郊区县，治所在大兴）。有一年闹春荒，京师粮价大涨。朝廷为了平抑物价，发售平价米，分四门各发售米十五万石。每天来买米的人有七八千。由于顾汝修组织得好，"先为厘定章程，收钱发米，先后次序，无不井井有条，民人均沾实惠，口碑载道"。史书上说顾汝修"为人强毅正大，有古大臣风"。

乾隆二十一年（1756年），顾汝修请假还乡扫墓，回到成都双槐树街南的小巷故宅，有感而发，写道：

才作还乡人，不作他乡梦。
亲友喧草堂，周旋事迎送。
……
鸡黍纷相邀，订者汝聚讼。
芳鲜日罗利，各为归客供。

诗歌生动记述了左邻右舍对顾汝修一行人的欢迎，极富人情美。可是，刚刚住满旬，一道圣旨颁来，要顾汝修出使安南国，代表朝廷去"册封"安南国王（当时安南是清朝的藩属国）。

当时对代表皇帝出使藩属国的钦使极为看重，士大夫中间有"不能为帅但愿为使"的说法。为了"钦使"的威仪，皇帝特赐予一品官（顺天府尹为四品官）的绣有麒麟图案的官服，以及龙旗、御仗、裘马、珠冠，以壮观瞻。由于时间仓促，颁旨之日，即令随从人员将珠冠、官服、龙旗、御仗奉送至成都会合，取水路出川转赴安南。

御仗即御用仪仗，内中就有黄绸伞盖。当这支捧有诏旨的仪仗队来到水井街顾府时，四川总督偕川西道、成都府、华阳县恭候迎接。那情景是人山人海、热闹非凡，小巷便从这天起被民间命名为"黄伞巷"。

仪仗威仪，黄伞高张，那是"钦使"礼制所然，其实顾汝修不喜张扬，是个淡泊名利的人。顾汝修退休后，曾受聘掌教锦江书院，培养人才甚多。顾汝修待人接物极为谦逊温和，优游林下二十年，"小帽蔽服，往来村市间，人不知为旧京兆也"。顾汝修著有《钓引编》《味竹轩集》等作品。

"人世代谢多么快呀……"李调元怀念前辈，感伤自己的老境，不禁百感交集。

出了黄伞巷不远，便是上河坝码头。这里有船可达九眼桥南头。二李上了小船，船行在锦江的清水碧波间，两岸垂杨初绿，袅娜多姿。上岸不远，便是在回澜塔（俗称白塔）的废墟之上恢复修建起的一座白塔寺。二李来得最早，文明诗友都还未见踪影。李调元信步走到被张献忠下令拆毁的桥基处，历史的烟云，涌现在眼前……

1644年，张献忠率部攻破成都，称大西皇帝，改元大顺。一天，张献忠微服出访，来到九眼桥侧的白塔前，便问路边老者："此塔此桥有何来历？"老者说："桥名锁江桥，塔名回澜塔，此塔是明代四川布政使余一龙所修。民间有谚语曰：'桥是弯弓塔是箭，一箭射到承天殿。'"张献忠听后不悦，因为他就是在承天殿登基即位的。次日，张献忠便令军士将塔拆毁，掘至塔基四丈以下，挖出一块石碑，上面刻有偈语：

> 修塔余一龙，拆塔张献忠。
>
> 岁逢甲乙丙，此地血流红。
>
> 妖运终川北，毒气播川东。
>
> 吹箫不用竹，一箭贯当胸。

"此地血流红"指张献忠剿四川，历史上凝固了沉重的一页。

李调元在塔基上眺望，锦江在东流后忽又折向南去，河湾一大片土地，除麦田、菜畦之外，还有大大小小的成百上千座坟冢，一派荒凉。只因今日是清明节，羊肠小路上才有一些祭扫祖茔的行人。

……

不一会儿，高若愚、温汉台、张桐轩、潘东庵、萧恒斋、杜耐庵等陆续来到，有的提着装满菜肴的提篮，有的担着装有全兴大曲的"鼻子"（酒具的一种）。他们鱼贯而行，前往薛涛的墓地——穿过荒荆蔓草，大约要走二里路才到达。《华阳县志》有记载："薛涛墓在城东数里。"当年薛涛墓周围全是平畴野地乱坟堆。早在唐代，人们纪念薛涛时便在坟的周围栽上桃花。故唐代诗人郑谷《蜀中三首》中有"渚远江清碧簟纹，小桃花绕薛涛坟"之句。世事沧桑，到了清代，桃树凋零殆尽，却又栽有几丛翠竹。清初诗人郑成基感慨道："昔日桃花无剩影，到今斑竹有啼痕。"（修竹成林，绿绕锦江，到清末才构成望江楼，此后才形成纪念薛涛的胜地。）

几位名士祭扫薛涛墓，跪拜如仪。挂在坟前的纸幡随风摇曳，焚烧后的纸钱像灰色的蝴蝶，朝四周飞去。

几人当中，张桐轩是山东济南人，是一个性情中人，他向李调元提问："为什么一代才女竟然无故居保留，仅遗此地五尺荒坟呢？"张桐轩激动得流下了泪水。

李调元说："薛涛墓的确在城东，而她的枇杷门巷却不在这附近。早年，薛涛居住于城南万里桥边；中年移住在浣花溪旁，在锦官城西；到了晚年又移居城北碧鸡坊。三处各不相连。"

温汉台接着发问："李老伯，薛涛井又怎么在这附近呢？"他遥指北边高大的树丛，那树下有著名的"薛涛井"。

"边喝边谈吧……"，高若愚已将酒斟好，冷菜锅盔落花生放置在土台上，大家席地而坐，特地给李调元安了个棕蒲团坐垫，名副其实地野餐。

"至于薛涛井嘛，说来话长。此地原名为'玉女津'，有一池塘，地下水与锦江相通。塘水清冽，水质甘美。明代蜀王府每年三月在此取水，仿照薛涛在浣花溪制造诗笺的方法，制作了二十四幅贡纸，以十六幅贡纳朝廷。到了明代后期，朝政日非，贡纸也就作罢了。玉女津池塘缩小成为水井一口，附近取水的人呼之为'薛涛井'，于是约定俗成。到了本朝康熙六年（1667年），成都知府冀应熊手书'薛涛井'三字并刻立石碑，始正式命名。乾隆六十年（1795年）翰林院编修、四川提学使周厚辕来游，乘兴手书唐代诗人王建《寄蜀中薛涛校书》'万里桥边女校书，枇杷花里闭门居。扫眉才子知多少，管领春风总不如'，刻石附立于井旁。流风余韵，不仅为锦城添色，亦可告慰于薛洪度（薛涛，字洪度）地下之灵矣！"

当晚，高若愚在真武宫设宴款待众人，宾主尽欢。李调元即席赋诗十首，诗情激荡，笔酣墨饱。其中，有对东道主高若愚表示感谢的：

薛坟抛在麦田中，

辟草全凭刺史功。

生与高骈缘不断，

如今酹酒又高公。

高骈，字千里，幽州人，曾任剑南节度使，于薛涛墓辟荆培土。薛涛先与高骈缘分不浅，现今又遇上高若愚虔诚地约集同人前来酹酒祭扫。

……

李延亭向前辈一一敬酒后说："从薛涛墓到薛涛井，都长满了各种竹子：慈竹、斑竹、楠竹、笔竹，真成了绿润高枝的竹的园林。这，仿佛是薛涛显灵。翠竹万竿，便是薛涛的诗魂！"

李延亭痛饮一杯后说："薛涛《洪度集》的第一首便是《酬人雨后玩竹》。"诗云：

南天春雨时，那鉴雪霜姿。

众类亦云茂，虚心宁自持。

多留晋贤醉，早伴舜妃悲。

晚岁君能赏，苍苍劲节奇。

李延亭说道："这里，竹便是诗人，是薛涛自身的写照。竹的清幽劲节，比桃花更胜一筹矣。"众人赞同他的见解。

这次祭扫薛涛墓的集会，显示了成都民间的文化品位。

二十六、苦果

　　嘉庆五年（1800年），万卷楼被焚，李调元既遭毁家之痛，又查到当家理财的长子李朝础营私舞弊，侵吞家财一万多两，与其妻卷巨款逃窜。无独有偶，原排行第二的儿子李朝龙（隆）亦因忤逆，大伤了李调元的心。盛怒之下，李调元令朝龙改名为俞隆，逐出李家。因李朝龙本姓俞，系李调元所买妾赵氏之前夫俞忠的遗腹子，抚为养子，现今逐出，令其归宗。

　　这一段家庭纠纷，雪上加霜，加重了李调元的病势。关于父子失和、家庭冲突的前因后果，局外人莫知其详。李调元道出了其中原委：

　　　　携家回绵，展墓痛哭不起。询问长子朝础，自省城被责出逃，竟赌至州城，携家财万贯，连妻远窜。此子先未分爨时，已于梓橦交界之白家坝私置田地一百亩，托粮名李朋，其实不肖吕鼎佯充；又于安县彰明界私置田地一百亩，托粮名唐之藩；德阳白泥坝私置田一百亩，托粮名一碗水刘占元。又于本州北门内私置宅一所，去银三百两。于分爨日，并藏匿，不与三子均分。是以凭众亲族载入分关，言朝础母子管家多年，所有家财并未取出平分，嗣后如有私置田宅，仍许三子均分派，令各持一纸，永远为据。今既据亲自供出，并情愿将分爨时所分一百亩退还，为父买房，亦不足蔽辜。今又弃父不养，父老不回，实属天下第一忤逆不孝之子。不但前退田一百亩，即我养老田四百亩亦不许得沾分毫。其所分宅一区，因派看守万卷楼，乃不遵父命，竟将自己住房一并拆毁，片瓦不存，应将此房赔还万卷楼，因就地重修，取名小万卷楼，交于三子朝夔及其母何氏永远居住，只留一龙门出入。

这段文字，涉及李调元家田产、房产、管家理财及嫡庶之间的矛盾等。据此，李调元家极盛时拥有良田八百亩（养老田四百亩，四子各分一百亩）以上，不仅在罗江，即便在全川也算是富甲一方的大绅士。李朝础与生母当家管财二十年，除正常开支、公开的节余外，还挪用"公款"，化"公"为私，私下为自己一房人购买田地三百亩、私宅一处（值银三百两）；而手里还掌握有"家财万贯"。李家的经济实力雄厚，所以才能蓄养家伶两部并开工兴建困园别墅。关于困园别墅，当作补叙如下：乾隆五十七年（1792年）初，李调元《小西湖初成》一诗之小序云：

余在通罢官，每日思归，遂见之梦。梦中辄见南村屋左有荷花池，池中楼台掩映。醒问自川来者，皆以为田。然不梦则已，梦则如是……自是不梦。今名小西湖遂初志也。

《雨村诗话》卷十一称：

余归田移居醒园，以其山居稍远，后于南村当门隔溪另筑别业，即少时书塾也。以田二十亩凿为湖……自是游者络绎不绝，不复问醒园矣。

李调元于乾隆五十五年（1790年）移居困园，经营数载，凿湖植树，兴建楼亭，用去银两不在少数。

再说李调元不得不面对的另一"苦果"——李朝龙。

李调元娶妻胡氏，她颇善持家，曾以"浊醪尚喜妇能藏"之句夸她。

受一夫多妻制的影响，士大夫喜欢纳妾。李调元亦不例外，先后纳有小妾多人，如万氏、林氏、王氏等，还有一位便是李朝龙的母亲赵氏。

关于李朝龙的情况，《童山自记》详述道：

> 朝隆本姓俞，因买妾赵氏前夫俞忠遗腹之子，抚为养子，因去岁逃走，屡唤不到，今又复携妻远匿，且甫经分爨，一年该债二千余两，若不撤回，势必将田尽卖。现已经改令归宗，取名俞隆，不认为子。前所分田，仍旧归还老主，以为买房之用。所有我养老田四百亩，从前虽有三子平分遗嘱，以未曾携妻再逃而言，今既再逃被逐，我死后所遗田宅，亦概不许与俞隆丝毫沾分。是名为四子，除朝础、俞隆不算外，只有二子朝夔、四子朝尧在吾身边，又皆年稚，读书未成。自念年近七十，侍奉无人，风前之烛，不知灭于何时，因于罗太恭人墓侧，自筑一椁，棺椁内衣衾皆已自备，以终余年。并先写遗嘱，附记于此，以使天下后世得知。

李调元"命四子分爨"是在嘉庆三年（1798年），从此事故迭起。两年之后遭受火烧万卷楼的打击，又因家庭纠纷，变生不测，连逐二子，身心交瘁，他是和着泪血，写下了那份沉甸甸的遗嘱的。遗嘱曰：

> 自古逆天大不孝，未有如吾子之甚者也。彼既生前不养，势必死后不葬。倘若我死后，碑上只许夔、尧二子刻名，不孝朝础及养子俞隆，俱不得列名，生不许上吾门拜吾坟，死不许葬坟山入祠堂，并照此各写遗嘱为据，使吾子孙得知。孟子云："好货财，私妻子，不顾父母之养，为三不孝。"今两子不止有三。又《礼》云："天下岂无父之国？"今吾家竟有其二。古语：养儿待老。有儿如此，不如无子，可悲孰甚？因念生平事迹，夔、尧两儿幼稚无知，一事不晓，若不书示两儿，势必日久湮没。因自省归来，逐日背忆，手书一册，付与夔、尧两儿，名曰《童山自记》。如我死后，即将此作行述送人。此后得一日即

过一日，亦不再记矣。后若有吾子争讼田土到官者，即持此呈道各位老父台、老公祖，念弟一生辛苦，年老无侍，伏乞照生前《童山自记》判断，重治逆子，追回私产，使二子平分，则虽九泉，亦衔环以报矣。

李调元的养子，还不止俞隆一个，另有一个名叫徐申的养子。嘉庆二年（1797年）发生事故，秋天李调元游绵竹，寓祥福寺，"有养子徐申为啯噜吴匪所诱，窃物以遁。徐，双流人。钟明府逢泰，余甲午粤东所取士也。余复至双流，即日差干役于成都北门外获之，将徐申带回，而以吴匪责六十棒，置于卡。临行赠五十金为赆，盖师弟相看俱老矣，教训，临别不胜拳拳云"。

姬妾成群，是李调元生活方面的疵点，不仅给家庭生活带来许多矛盾，而且酿成父子失和、恩断义绝的苦果，给他晚年岁月带来沉重打击。

嘉庆六年（1801年），李调元写成《童山自记》交代了后事，自知不久于人世。

二十七、童山劲草

云绛楼成烬，

天红瓦剩坯。

半生经手写，

一旦遂心灰。

……

嘉庆七年（1802年）冬，李调元昏卧床头。

万卷楼焚，书化蝶飞。

书魂归何处？再不能"万卷楼中觅友生"了。

此后残生的日日夜夜，李调元备受熬煎。

李调元痛哭，为毕生的心血、文字和藏书所遭的劫难，"哭罢天亦愁，白日变阴晦"。

李调元长歌，为书招魂，"今生无力购，来世再储书"。爱书成癖，虽九死其无悔。

李调元奔走呼号，要求惩治土贼，惩治纵火者。

声嘶力竭，身心交瘁，李调元病倒在重修于废墟上的简陋的草庐里。

乐楼歌弦今何在？白杨萧瑟吐哀音。

小西湖的绿荷翠盖，掩于荒藤野蔓中。

涸断流，鹤飞走，宝鼎钟彝金石汉砖无处觅，只剩下断瓦颓垣。

灵秀的困园，消逝了生气。推开窗扇，极目望出去，火焚不尽的，是蓬勃的劲草。

"野人怀土，小草恋山。"啊，故乡泥土滋润的草丛里，可有那毕生寻觅的"指佞草"，"禀介节而含芳，抱清标而自矢"。

恍惚迷离间，似听见飘泊无定的"书魂"在主人耳边呜咽低语："童山老人，还往哪儿去找指佞草？那草，就是你！也是我——你的著述呀！"

李调元在病榻上醒过来，无端狂笑，无端哭，他呼唤："找到了，找到了，我是小草，小草是我。"

李调元霍然起床，题笔写下此时此际的感触：若有来世，不入阆苑，不上鸾坡，不攀丹桂，不饮杏酒，愿做一株植根故乡泥土的小草。

> 我愿人到老，
> 求天变作草。
> 但留宿根在，
> 严霜打不倒。

这是老人绝笔之作。嘉庆七年（1802年）十二月二十一日，一代文星陨落在罗纹江畔南村坝故里。

> 屈平辞赋悬日月，
> 楚王台榭空山丘。
>
> ——李白《江上吟》

春风过处，春草繁衍。李调元的心血文字，像劲草的宿根，遇春萌发，历万劫而不灭。它过去、现在、将来都将在弘扬西蜀文化的进程中显露勃勃生机。如同李调元生前曾预言过的那样：

> 著述留天壤，
> 功名付太虚。

［清］《罗江县志》，清同治四年（1865年）刻。

［清］李调元：《童山诗集》，商务印书馆，1936年。

［清］李调元：《童山文集》，中华书局，1985年。

［清］李调元：《雨村诗话》，上海文瑞楼发行。

［清］李调元：《童山自记》，中国人民政治协商会议罗江县委员会编，2003年。

［清］杨懋修：《李雨村先生年谱》。

［清］李斗：《扬州画舫录》，中华书局，2007年。

［清］王培荀：《听雨楼随笔》，巴蜀书社，1987年。

［清］易宗夔：《新世说》，上海古籍出版社，1982年。

［清］孙桐生：《国朝全蜀诗钞》，巴蜀书社，1985年。

［清］张邦伸：《锦里新编》，巴蜀书社，1984年。

吴恩裕：《曹雪芹丛考》，上海古籍出版社，1980年。

周汝昌：《曹雪芹小传》，百花文艺出版社，1980年。

余冠英：《乐府诗选》，人民文学出版社，1953年。

商衍鎏：《清代科举考试述录》，生活·读书·新知三联书店，1958年。

梅兰芳：《舞台生活四十年》，中国戏剧出版社，1980年。

［日］田仲一成著：《明清的戏曲》，北京广播学院出版社，2004年。